先延ばしグセ、やめられました!

臨床心理士
中島美鈴

大和書房

はじめに

みなさん、こんにちは。初めましての方と、また再び私の本をお読みいただいている方といらっしゃるかもしれません。私は臨床心理士として、主に大人のＡＤＨＤの方々にカウンセリングを行っています。中でも「いつもぎりぎり」「なぜか先延ばし」という時間がうまく使えない方のお悩みを解決することが専門分野で、こうした時間の使い方をうまく行う方法を「時間管理」と言います。

この「時間管理」について、カウンセリングを受ける人だけでなく世の中のもっと多くの人に知っていただき、ご自身の時間を本当にしたいことのために使っていただきたいと思ったことがこの本を書くきっかけでした。

これまで、51冊の本を手がけてきましたが、私は書籍の多くでこの時間管理について触れてきました。本書は、時間管理の悩みの中でも最も多く寄せられ、解決の難しい**「先延ばし」について特化したもの**です。

本書を手に取っていただいた方の多くが、なんらかの先延ばしを抱えていらっしゃるのではないでしょうか。それが、やろうと思えばさっとやれてしまうような些細なタスクの先延ばしなのか、数年来手がつけられていない重めのタスクなのかはそれぞれでしょう。私たちは生きていれば、大なり小なり先延ばしの経験があるはずです。先延ばしはすべてが悪いことではないのですが、時に「こんなことを先延ばししている自分はだらしない」「なさけない」と自分を責めて、自信を削ぐことになっていることがあります。本書はまさに、先延ばしによって自分のことが嫌になって辛い思いをしている人のために書きました。

冒頭で私は「時間管理」が専門と書きました。しかし、実はかなり重症な先延ばし人間でしたし、今でも苦手な分野に関することは先延ばししがちです。ちなみに私の場合は、体を動かすことが好きではありませんし、金融の知識が少ないため金銭管理が苦手です。でもかつては、自分宛の郵便物を開封することすら先延ばしし、そのせいで大学の入学手続きを先延ばしにして入学できなかったほど重症だったのです。そんな人間が、今はなんとか大人をやれています（おそらく）。こんな臨床心理士が書く先延ばし克服メソッドなら、ハードルが下がりませんか？　もちろん、先延ばしを克服するための方法は、私にだけ効果があったわけではありません。これまで数えきれないほどの方々の先延ばしを一緒に改善してきたのです。本書では、こんな私が先延ばしを克服してきた行動計画書をご紹介しています。あなたのお役に立つ可能性はわりと高いと思います。

この本で少しでもあなたの先延ばしが解決して、また自分を信じられるようになれたらと思っています。

一緒に始めましょう！

書いてみるとうまくいく　先延ばしグセ、やめられました！

目次

1章

先延ばししているとき起こっていること

2章

先延ばしの6タイプ

3章

「簡単なこと」なのに先延ばし

4章

「時間はある」と油断して先延ばし

5章

「わざわざ」がおっくうで先延ばし

8章 人生にかかわる根深い先延ばし

1 章

先延ばししているとき起こっていること

実は時間管理の中でも最難関の課題

突然ですが、みなさんは何か先延ばししていることがありますか？

――プレゼン資料作りが苦手
――誰も管理してくれない職場環境
――締め切りまでに仕事が終わらない
――仕事が溜まりすぎて休日もそわそわしてしまう
――帰宅したら余力がなくて、バタンキューで家が汚い
――片づけたいし、物も捨てたいのに先延ばし
――歯医者も病院も美容院も行っていない
――先延ばしが多すぎて人づきあいや趣味を楽しめない

これらは、臨床心理士である私が日々ご相談にのっているみなさんの困りごとです。大人のＡＤＨＤの方を専門にしているので、ちょっと他のカウンセリングルームとは違うかもしれませんが、こうした「先延ばし」に関するお困りごとを解決することをお手伝いしています。

これらの先延ばしの中で、一番多いのは、「部屋の片づけ」で、その次が「締め切りがあるようなないような、でも重要な仕事」、自分の健康にまつわる「ダイエット・健診」などです。そして同様に多いのが人生の大きな決断である「仕事、家、結婚などの決断」です。他にも「スマホの容量がパンパン」「洗濯物を畳まないままごちゃっと山になっている」「お風呂」のような簡単で短時間でできるにもかかわらず〝なぜか〟先延ばしししてしまう案件です。相談するほどではないけど、地味に共感されるのは「旅行前のパッキング」「メールの返事」「時計の電池交換」「衣替え」「クリーニングの受け取り」「シャンプーの詰め替え」などでしょうか。

こうして並べてみると、誰しもひとつぐらいは「あ、そういえばそれを先延ばししてた」と心当たりはありませんか？　それぐらい一般的で難しい課題なのです。

アメリカにおける先延ばしの損失は一人あたり年間414時間、9724ドル（アメリカのオンライン、サラリードットコム）と言われています。これは国家規模では10兆ドルの損失にあたります。先延ばしの影響力がすさまじいことがおわかりいただけたでしょうか？　世間ではこれだけ労働人口が減って、働き手不足だと言われています。企業からすれば、その中でやっと見つけた社員が「先延ばし」をしているのはもったいない話です。

先延ばしをずっと続けているとどうなるのでしょうか？　研究によれば、先延ばしは、成功を妨げ、不安、抑うつ、自尊心の低下を増大させる可能性（Ferrari, 1991；Duru & Balkis, 2017）があるとも言われています。実際、多くの人が「仕事を先延ばしして締め切りに間に合わず上司の信頼を失った」「昇進できなかった」などを経験していますし、時には解雇に至ることもあります。

また、夏休みの宿題が最終日までに仕上げられなかったような失敗経験が積み重なることで、また次に似たような課題を目の前にすると不安になって逃げ出したくなり、それが先延ばしの負のループの一因になることもあるようです。片づけを先延ばしにすると、いつも自宅で目にするものすべてが「だらしない自分」を突きつけるものとなり、「こんな自分だめなんだ」と鬱々とした気持ちを長引かせたり、自分への自信をすっかり失ったりする要因となります。このように、**先延ばしそのものもさることながら、その後の私たちの心に与えるダメージはなかなかのものです。**中には、「夢の中にまで先延ばし課題が追いかけてくる」と眠れなくなる人もいます。「あの課題終わるかな」と何をしていても心配でならないので、そんな辛さをごまかすようにスマホを触っているというのです。

ここで次のページのグラフをご覧ください。

これは「先延ばし」に関する研究論文の数を示したものです。年間に何本の先延ばし論文が書かれているのでしょうか。2011年あたりから急激にこのトピックスが注目されていることがわかるでしょう。2010年はスマホ元年と呼ばれ、2011年~2012年と言えば、私たち一般の人がスマートフォンを持つようになったのがちょうどこの頃です。一般にパソコンを介したインターネットに依存する人よりもスマートフォンに依存する人の方が多いことがわかっています。そのぐらいスマホは私たちにとって退屈さや嫌な気持ちや知的好奇心を埋める身近で魅力的なものなのです。そして皮肉なことに、このスマホ元年と言われる頃から、先延ばし研究もさかん

日本の科学研究費助成事業における「先延ばし」研究課題数の推移

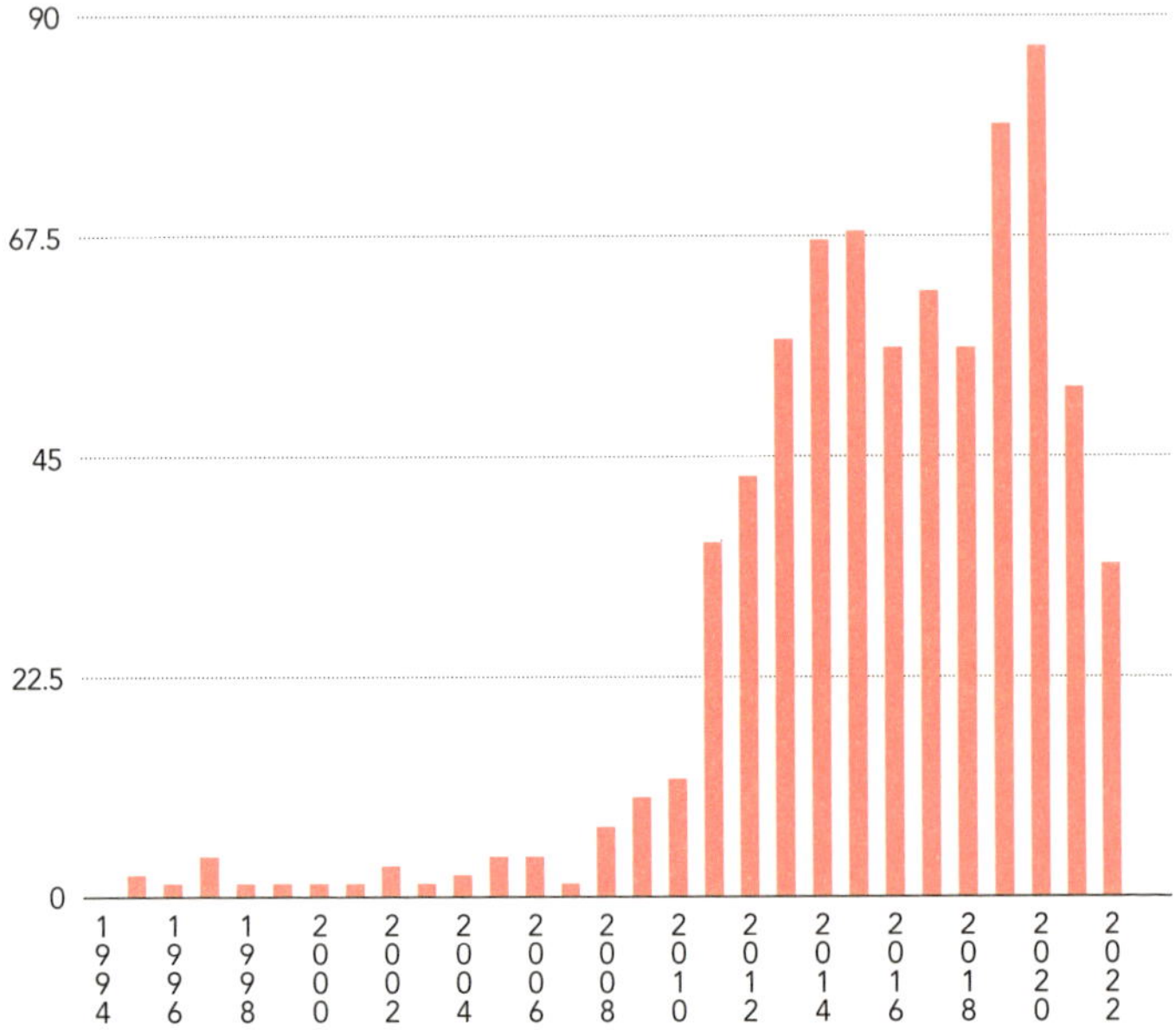

でしょうか。

に行われてきました。これは、スマホが先延ばしを加速させたとも言えるのではない

ほとんどの人がスマホを持つこの現代社会において、先延ばしの問題は日々深刻になっています。現在の中高生は、生まれたときには既にスマホが世の中に普及していた世代です。個人差はありますが中学入学ぐらいからスマホを持つ子どもが増えます。彼らは、スマホと勉強を両立させるためにがんばっています。しかし「勉強していると1分もたたないうちにスマホを触ってしまう」とか「スマホが楽しすぎて、勉強が先延ばし」というお悩みも聞きます。中には、一晩に1000件を超えるグループLINEがやりとりされていて、通知が鳴りっぱなしという子どもも珍しくありません。こうした状況で、魅力的なスマホに打ち勝って、先延ばししがちな課題をこなしていくのは大人も子どもも至難の技です。

先延ばし賛成派も世の中には多くいます。

「いつも試験前は一夜漬けだった」という人たちです。

私のカウンセリング経験上、こうした方々は一定時間あたりの仕事量の多い、いわゆるできる人たちであることが多々あります。できる人ほど先延ばしするというのは

事実で、締め切り間際でもどうにか間に合ってしまうので、締め切りに間に合わないという大きな失敗体験がないどころか、ギリギリになって謎のギリギリパワーが溢れてきて集中できて効率的だった！という成功体験を積んでしまっている人が多いのです。そうなると、次にやっかいな課題があるときにも「すぐしなくてもギリギリのほうが短時間で済むから大丈夫」と安易に先延ばししてしまいます。これがうまくいっているときには何も問題はありません。毎回それで間に合う人なら「大丈夫。間に合う」と思えるからです。

しかし、この人が複数人で取り組むプロジェクトに参加したり、一夜漬けでは到底間に合わない数ヶ月から数年に及ぶプロジェクトに参加したりする場合には、問題が発生します。周りからすれば進捗状況がつかめず、「間に合うのか？」と不安になり、共同作業の場合、そのギリギリにつきあわされるのですから、疲弊します。数ヶ月から数年の長期間のプロジェクトにおいては、相当に細かいマイルストーンと管理体制がなければ、先延ばし癖の強い人は達成できないでしょう。そのため社会人になって一気に破綻する人が増えるのです。

さていかがでしたか？　先延ばしが決して他人ごとではないこと、また、スマホの普及した現代社会で先延ばしは蔓延しつつあること、これまで一夜漬けのギリギリ人生だった人も少し環境が変わればその戦法だけでは通じなくなりつつあることがおわかりいただけたことでしょう。

次の節では、この先延ばしがなぜ生じるのかについて解説していきます。

先延ばししている人の中で起こっていること

ドイツの文豪ゲーテも、著書『ファウスト』の中で「物事を先延ばしにするのは悪魔と取り引きするに等しい」と述べています。そのぐらい昔から普遍的に私たちは先延ばしをしてきて、しかもそれが悪いとわかりながらも続けてきました。

これはなぜでしょう？

そんなにやめたい先延ばしを、どうして誰しも何年も続けるのでしょう？

先延ばしは、実は、ＡＤＨＤに典型的な行動とも言われています。

ＡＤＨＤ（attention deficit hyperactivity disorder: 注意欠如多動症）は発達障害のひとつで、不注意、衝動性、多動性を主な特徴としています。ＡＤＨＤは世界の人口のうち２・8%を占めていて、高所得国でその割合が高い（Fayyad et al., 2017）ことがわかっています。診断は受けていないもののその傾向のある方はこの4倍はいると言われていますので、10人に1人ほどがＡＤＨＤの特性に起因する困りごとを抱えていると言えます。

本書を手にとられた方には、ＡＤＨＤの診断を受けた方もいらっしゃるかもしれませんが、「いや、自分にはそんな傾向は全くない」という方もいらっしゃるでしょう。なので、急に「ＡＤＨＤ」という言葉が出てきて驚いていらっしゃるかもしれません。先延ばしをしているからといってＡＤＨＤの疑いがあるわけではありません。ＡＤＨＤの診断を受けていらっしゃる方の中に、先延ばしをする人が多いということをお伝えしたかっただけです。そしてＡＤＨＤの方々の先延ばしについては研究でわかっていることがいくつかあり、その知見が、もしかしたらそうではない方の先延ばし克服に役立つかもしれないと思ってこちらにご紹介したいと思います。ですから、

「私はADHDなのだろうか」とあまり心配しすぎないで読み進めていただければと思います。

ADHDの大人に関する研究の歴史はまだ浅いものの、この20年ほどでずいぶん知見が蓄積し、なぜ人々が先延ばしに至るのかについてもいくらかわかってきました。この節では、特に「先延ばししがちな人が抱いている思考の特徴」についてご紹介します。先延ばしするとき、ADHDの特徴を持つ人はこう考えがちだと言います。

先延ばしを促進する考え方や行動パターン（Ramsey, 2012）

1. 予期的回避／先延ばし　確定申告は義務だけど、今はやる気が出ない。

2. 瀬戸際政策　締め切り前夜になって仕事に取りかかるスリルがたまんないよね！

3. 課題のジャグリング　資格試験前に限って部屋の片づけを始めてしまう。

4. 疑似成功感　ほんとは取り引き先に連絡しなくちゃいけないんだろうけど、デスクトップの整理って大事だから今やるんだ！

5. 禁欲主義的思考　そもそも私には締め切りより先に仕事を仕上げるなんて無理。徹夜してぼろぼろになっている人生がお似合いよ。

みなさんに当てはまるものはありましたか?

こうした考えは、誰しも一度は経験あるのではないでしょうか? いろんなところでこのお話をさせていただくのですが、一番共感される方が多いのは「課題のジャグリング」で、試験前の片づけはあるあるのようです。これらの思考が先延ばしをひどくすることに気づいておくだけでも、試験前に何か他のことにもっともらしい理由をつけて取り組み出した自分にはっとして「まさに課題のジャグリングじゃないか! いかんいかん」とブレーキがかけられるかもしれません。

しかし、そもそもなぜこのような思考に至るのでしょうか?

それは、こうした思考でもしなければ、やっていられないほどの強い不快な感情が湧いているからです。たとえば「この課題は私の手には負えない、恐ろしい」という不安や恐怖の感情です。また、ある人は「私は誰からも指図されたくないんだ。私の好きなタイミングで好きなようにやりたいんだ」という締め切りにコントロールを握られることへの怒りかもしれません。こうした感情から一時的に逃れるために、**「いったんそのやるべきことから逃げよう」**とするのが先延ばしの本質です。心理学的に言えば「回避行動」と呼ばれています。

「回避行動」は次のような特徴を持っています。

回避行動は、短期的な視点で見れば、メリットが多くあります。不安や恐怖や誰かにコントロールされることへの怒りを最も瞬時に吹き飛ばしてくれるからです。課題に真正面から向き合うより、とりあえず「またいいタイミングでね」「やる気が出たらね」と先延ばししておくことですぐに嫌な感情を消すことができますし、エネルギーも使わないですむのです。こんなに手っ取り早い方法はありません。

しかし回避行動の最大のデメリットは長い目で見れば、悪い結果をもたらすことです。先延ばししていったん回避したものの、結局締め切りまで「あのタスクしなくちゃなあ」と記憶に留めておく必要がありますし（忘れずに覚えておくことにも、私たちは相当なエネルギーを使います）、「今はよくてもやがてあの嫌なことをしなくちゃいけないんだ」とそわそわ落ち着かない気持ちが続く期間が長くなりますし、実際そのタスクにかけられる実行時間も減るためプレッシャーがすごいのです。

さらに、チームで取り組む必要のある課題では、チームの他のメンバーから「あれはまだできていないの？」と進捗状況を尋ねられたり、プレッシャーをかけられたり、「あなたのいつもギリギリのペースにはついていけない」と見切りをつけられたりするかもしれません。

また、そのタスクに不慣れな場合、いざ取り組んでみると見逃しているステップがたくさんあったりして、締め切りに間に合わなくなるという最悪の事態も生じかねません。

このように、回避行動は長期的な視点で見れば、あきらかにデメリットだらけであるにもかかわらず、短期的には何より便利な必殺技でもあるのです。そのため、先延ばしの愛用者が世界中に溢れているというわけです。そして、頭のどこかではいつも「こんなふうに先延ばししていてもいいことなんてないどころか、もっと事態は悪化する」とわかっているので、先述したような先延ばしにつながる思考を繰り返して苦しまぎれに自分に「大丈夫よ」「仕方ないのよ」と言い聞かせているのです。

それでは、なぜわたしたちはこれほどまでに**「短期的なメリット」**に弱いのでしょうか。これには脳の報酬系の特徴が影響しています。

脳の報酬系とは、私たちのやる気に関する脳の部分を指しています。どんな刺激に対して、やる気を出すのかという研究が積み重ねられてきました。その中でも、

ADHDの子どもたちがどのような報酬に対してやる気を出すのかについて調べたSonuga-Barke（2010）の研究をご紹介しましょう。

この研究では、ADHDの子どもたちとそうではない子どもたち、ADHDの子どものきょうだいたちの3つのグループに対して、さまざまな神経心理学検査を実施しました。研究の中で行われた課題は宇宙船を撃ち落とすゲームでした。全15回のチャンスで宇宙船を何隻撃ち落とすことができるかで合計得点が変わります。この合計得点に応じて、あらかじめ子どもたちが自分で選んでおいた文房具のご褒美が1つか2つもらえるというルールでした。しかし、何点以上とればご褒美を1つではなく2つもらえるのかといった基準は、知らされていませんでした。つまり、子どもたちはご褒美を2つ欲しければ、できるだけ多くの点数をとろうとするわけです。

宇宙船を撃ち落とすゲームでは、子どもたちは次の2つから戦略を自由に選ぶことができました。

- 1回につき2秒待って、1隻の宇宙船を撃ち落として、1ポイント（低報酬）
- 1回につき30秒待って、2隻の宇宙船を撃ち落として、2ポイント（高報酬）

全部で15回のゲームができますので、高得点を狙うならば、30秒待って2隻の宇宙船を撃ち落として2ポイントをもらうことを15回繰り返せば、最大で30点手に入れることができます。

ただし、高得点を狙うには1回につき30秒ずつ待たされることになるのがミソでした。この合計450秒もの時間、ゲームをいったん中断し待たなければならないだけでなく、ゲームの後のご褒美がもらえるのがそれだけ遅くなるということになります。そこで、子どもによっては、「こんなに待たされるのは退屈だ。ご褒美を2つもらうには、何も満点を狙わなくてもいいんじゃないか？　こんなに待つくらいならご褒美1つでもいいかな」などと考えます。その結果、ＡＤＨＤの子どもは、そうでない子どもと比較して、30秒待つほうの条件を選んだ子どもの割合が少なかったと言います。つまり、確実に待てばご褒美が2つもらえるという場合においても待つことが嫌である傾向がわかったのです。

このご褒美が遅れることに対して、やる気をなくしたり、そのご褒美の魅力を少なく見積もったりすることを遅延嫌悪と言います。

これはADHDの有無にかかわらず、多くの人間に存在する傾向で、これを**「報酬遅延勾配」**と呼びます。この勾配が急傾斜であるのがADHDの方の特徴であると言えます。つまり、すぐにご褒美がもらえないのなら、急激にやる気をなくし、その度合いが激しいのです。

この実験の、ご褒美がすぐにもらえない状況こそが、完成までに時間のかかる複雑なタスクだと読み替えれば、先延ばししてしまう理由がおわかりいただけるかと思います。タスクを終えることができた達成感や解放感というご褒美が、あまりに時間的に遠くにある場合、私たちの報酬系は活性化しづらく、「あとでいいや」という「解放感がすぐに得られる思考」のほうが魅力的（報酬が遅延しない）だということです。

1分間で終わるような、慣れた簡単な課題は先延ばしの対象になることは少ないですが、数ヶ月にわたるプロジェクト、不慣れで正直やってみないとどのような工程になるのか読みづらい（つまり終わりの時期が不明瞭でご褒美の遅延が予想される）タスク、相手の機嫌や都合でタスクの完成時期や手順がコロコロ変わるタスクに対してはモチベーションが上がらず、先延ばししたくなるのはうなずけます。

さて、こうして見てみると、脳と先延ばしの関係がよくおわかりいただけたかと思います。しかし、実際先延ばしの相談にのっていると、こんなケースもあるのです。

「先延ばし……というか、私の場合は、取りかかることは取りかかるんです。でも途中でどうしてもうまくいかなくなって、中断してしまうんです」

お仕事など逃れられない状況ではこうしたことが起こりやすいようです。着手しないわけにはいかないけど、なかなか進行していかないというのです。みなさんの周りにもこのような状況はありませんか？

資格試験の勉強を始めてみたものの、3日坊主でやめてしまったとか、企画書を作るのが苦手で10日間もかかって、本当に休みの日が全部それに消えてしんどかったので、もうやりたくないとか。他には、職場のプロジェクトに、学校の保護者の集まりや地域の集まり、マンションの管理組合の会議などで何年も似たような議題がのらりくらりとやり過ごされているという事例はいくらでもあります。

この場合は、報酬遅延の概念だけでは少し説明がつかないようですね。

先延ばしには過去の経験が大きく影響するのです。

「以前あれだけがんばったけど、結局やり遂げられなくて疲れただけだった」

「どうせ計画を立てたって、その通りいかなくて計画倒れになるんだ」

「いつも私はスマホに吸い寄せられて、何もやり遂げられない」

こんなしんどい経験があると、次に似たタスクを目の前にしたとき「ああ、またしんどいのがきた」と身構え、不安や恐怖や怒りを覚えて、先延ばししたくなるのもわかります。

「計画通りうまくいった」経験がちゃんと積めていないと、先延ばしはなかなか治らないのです。私はカウンセリングの中でも、まずはこの「やれた！」という経験、「すっきりした！」という感覚を味わってもらうことを大切にしています。これでこれまでのしんどい経験を塗り替えて**「この方法なら、自分の手に負えるかも！」**と確信していただきたいのです。そうすることが次の先延ばしを防ぎます。

ではどうやったら、「計画通りにやれた！」となるのでしょうか？ 次の節で詳しく見ていきましょう。

あなたがダメだから先延ばししているのではない

前節では、「計画通りうまくいった」経験がちゃんと積めていないと、先延ばしはなかなか治らないことをお伝えしました。計画通りにきちんとコツコツ取り組む……これは使い古された言葉で、学生時代からさんざん先生や親に言われてきたことではないでしょうか？

今や私はこんなふうに先延ばしに関する本を書いていますが、実は私こそ先延ばししまくりの時間管理のできない人でした。大学の入学手続きさえ先延ばししたため、入学を逃したほどですので、なかなか重症ですよね。試験勉強でも、引越しの荷造りでも、楽しい旅行の荷造りですら、先延ばしして、計画通りにいった試しがありませんでした。そして、いつも自分のことを「だらしない」と責めて自己嫌悪に陥っていました。

しかしこうした自分を責める反省時間はなんの役にも立ちませんでした。私はますます「ああ、嫌だ。計画なんて立てても無駄だ。自分が嫌になる。タスクなんか見たくもない」と布団をかぶって現実逃避していました。自分を責める思考がますます先延ばしを加速させてしまったのです。

そうした経験から、今でもカウンセリングで過去の自分と同じように先延ばしのせいで自尊心を削っている人や、計画通りにできなくて自己嫌悪に陥っている人とお会いするとまずお伝えしているのは、「あなたがダメだから先延ばしになっているのではないですよ」ということです。そして、その代わりに、時間管理のコツをお伝えして、その方にぴったり合う計画をオーダーメイドでご用意しています。

計画通りにタスクが遂行できない人の特徴として、前節でご紹介した報酬系の特性に加えて、もう2つの特徴があります。

前節でもご紹介したSonuga-Barke（2010）の研究では、報酬が遅延する課題に対してやる気をなくす傾向だけでなく抑制制御障害（Inhibitory control）および時間処理障害（Temporal processing）も明らかになりました。

抑制制御障害（Inhibitory control）とは、誘惑に弱く、飛びついてしまう衝動性が強いことを指します。この傾向が強いと、思いつきで行動したいのでタスクの計画を立ててもそれに従わずに計画倒れになることが多く出てきます。試験勉強をするはずが、ゲームやスマホへ脱線してしまうという人は多くいます。

もうひとつは時間処理障害（Temporal processing）でした。研究では、子どもたちに「ピッ、ピッ、ピッ、ピッ……」と1〜2秒おきに出る音に合わせて、ボタンを押すように求められました。これが15回終わると、その後の41回は同じペースでボタンを押し続けるよう指示され、この41回押し続け終わった時点での実際の時間とのズレを測定しました。このような時間感覚の正確さに関するいくつかの課題においてＡＤＨＤの子どもは、ＡＤＨＤでない子どもと比較して、成績の低下が見られたのです。

この研究では子どもが対象でしたが、大人になっても、タスクにかかる時間の見積もりがずれていたり、時計を見ながらやり方を変更できなかったりする人は多く見られます。これは小脳が司る時間の経過を体感する感覚が不正確であることが原因と言われています。これこそが計画がずれてしまう原因なのです。

まとめると、先延ばしする人の内部では、過去の失敗体験から「ああ、こんな複雑な課題、自分には手に負えない」という予測をしてしまって、一時しのぎでその課題を先延ばしし（報酬遅延障害）、それでもなんとか着手しても、「1時間で終わるだろう」と思っていた課題に実際には3時間かかるなどして計画がずれていき（時間処理障害）、なんならついついスマホに手が伸びて脱線してしまう（抑制制御障害）ことで、ますます課題が終わらないというプロセスが起こっているのです。

この、計画立てから実行までの一連のプロセスを実行機能（executive function, 遂行機能とも訳される）と言います。この実行機能がうまくはたらくことで、私たちは課題をやり遂げられるのです。実行機能は前頭前野のいくつかの部位を組み合わせることによって成し遂げる高度なはたらきで、生まれながらに持っているのではなく、25歳ぐらいまでかけてさまざまな経験を通してゆっくり成長していくことが知られています。

たとえば、小学生の頃に夏休みの宿題を溜めたまま過ごすといつも心のどこかでモヤモヤがひっかかって嫌だなあという経験、夏休み最終日まで宿題を持ち越すと泣きをみるという経験、家族がテレビをつけたリビングで勉強しようとしても脱線してしまうという経験、こうした経験の数々から私たちは少しずつ「来年は早めに着手しよう」とか「宿題は嫌だけど、終わらせることで達成感や解放感が味わえるんだな」「テレビは大敵だな。テレビのないところで取り組むほうがよさそうだ」などの学習を積み重ねていきます。こうして少しずつ実行機能をうまくはたらかせることができるようになるのです。

中には、特にＡＤＨＤの特徴を持つ人においては、この経験が積み上がりにくい人が一定数存在します。去年の夏休みは宿題をあれだけ先延ばしして大変な目にあったというのに、今年はその経験をすっかり忘れてしまって（記憶力の弱さや報酬遅延障害）、または目の前の花火大会やプールやゲームに夢中になってそちらを優先してしまって（抑制制御障害）、去年もなんだかんだギリギリに着手して間に合ったじゃないかという誤学習が生じてしまうのです。その結果、実行機能を成長させられるチャンスを逃してしまって、なかなか計画立てが身につかないまま大人になってしまうこともあるのです。

さて、この実行機能をどのように成長させるといいのでしょうか。次の節では、実行機能に注目して先延ばしを含むタスク管理についてご紹介します。

どんな先延ばしも対策次第でうまくいく

これまでに実行機能がうまくはたらくと、タスクが計画通りに進んでいき、次に似たようなタスクをする必要性に迫られたときに、「前も計画通りにうまくいったから、またできる」と思えて、先延ばしを克服できることをお伝えしました。一方で、この実行機能がうまく成長できないままの大人も一定数いることもお示ししました。この節では実行機能をどのように成長させるとよいかをご紹介します。

実行機能の研究は現在進行形で進んでいて、いくつかのモデルが提唱されています。この本では、Zelazoら（1997）の実行機能モデルをご紹介したいと思います。なぜなら、このモデルが問題解決の時間軸に沿ってプロセスを分けていて、タスク管理の振り返りに非常に向いているからです。

このモデルでは、実行機能を3つのステップ（**「問題の表象化」「計画、実行【意図**

／ルール使用】」「評価【誤りの認知／訂正】」）に分けて捉えています。

「問題の表象化」は、課題を認識してゴールイメージを明確にするステップです。

夏休みの宿題を例に挙げて説明すると、1学期の終業式の日にもらった「夏休みの宿題リスト」を見ながら、「夏休みの宿題には、ワークと工作と作文と自由研究があるんだな」と全体像（ゴール）を把握する工程がこれに当たります。案外これをしないまま、夏休みを過ごしながら「宿題がなんかたくさんあるんだけどなあ」と曖昧にモヤモヤしている小学生は多いことでしょう。クリアすべき課題が何かわからないままなので、全部終わらせるのに一体何時間かかるかわからないまま「もしかしたら間に合わないかもしれない」と不安を抱えていることになります。こうなると余計に「ああ、怖い。宿題のことなんて見て見ぬふりしよう」と余計に現実逃避してしまうのが先延ばしの怖いところです。

ふたつめのプロセスである「計画、実行（意図／ルール使用）」は、ゴールに向かって計画を立てて、脇道に外れることなく実行するプロセスを指します。ちょっと堅い説明ですね。

ここをもっと詳しく見ていくと、このステップには、「計画立て」と「脱線防止」

の2つの要素が含まれています。ちゃんと計画を立てたか？　実現可能な計画だったか？という要素と、計画を立てて脱線せずにその通り実行できるか？という要素です。どちらでつまずいているのかを細かく分析して、対策を立てられるとよいでしょう。

「計画立て」は基本的には、タスクの小分け、具体性、時間の見積もり、優先順位づけなどから構成されていて、本書でもたくさん紹介しています。夏休みの宿題で言えば、「国語」「自由研究」といったおおまかな単位で計画を立てるのではなく、「国語ワークP5～6」「自由研究のテーマを決める」のように具体的で小さな単位で小分けして計画を立てるとうまくいきます。

「脱線防止」は、タスクを行う場所から誘惑となるものを物理的に離して、立てた計画から外れずに実行するプロセスです。夏休みの宿題で言えば、家で勉強しようとするとついついゲームにテレビにスマホにと誘惑されてなかなか進まない人が、スマホを家に置いて図書館に行って勉強するなどの工夫で脱線を防ぐことができるかどうかがこのプロセスに当たります。

最後の**「評価（誤りの認知／訂正）」**のプロセスは、いわゆるモニタリングのステップです。ゴールに向かいながら、手順や進行状況に誤りがあればやり方を修正しながら、作業を進めていきます。すべての作業終了時だけでなく、作業の途中でも時間を気にしながら臨機応変に自分のやり方を変えていけることが大切です。夏休みの宿題の工作で、細部の糊づけに夢中になって何度もやりなおしをしていれば、全く手つかずの他の宿題について忘れてしまうかもしれません。全体を見ながら、「このペースならここの糊づけはこのぐらいの完成度で手を打つか」という判断ができるといいですね。

ちょっと堅い話が続いていますね。

このモデルをここに出した理由は、**プロセスで細かく分けてみる**ことで先延ばし対策がとりやすくなるからなのです。みなさんはどのプロセスが苦手でしょうか？　対策の基本方針がつかめていると嬉しいです。

さて、次の節では、「では、今先延ばしタスクを持っている人はどうしたらいいの？」についてお答えしていきます。

先延ばしをやめるための4ステップ

私が日々行っているカウンセリングには、先延ばしの課題をお持ちの方が多く見えます。どのような手順で支援を行っているかをご紹介します。

手順の概要は以下の通りです。

1. 全タスク棚卸し 先延ばしタスクを行う時間を確保するために、まずは全タスクを洗い出し、取捨選択する

2. 自己報酬マネジメント 自分のやる気の源を知って、先延ばしタスクを完了した後のご褒美として設定する

3. 先延ばしタスクの計画 ＴＯＤＯリストの作成、時間の見積もり

4. 脱線防止計画と必然性設定 日々の管理に必要な必然性を環境設定

これらが全部決まると次のページの行動計画書が埋まります。ひとつずつ説明します。

1. 全タスク棚卸し（先延ばしタスクを行う時間を確保するために、まずは全タスクを洗い出し、取捨選択する）

私たちは、先延ばししているタスク以外にも、毎日寝て起きて、食べて、お風呂に入り、仕事や学校をこなして、休憩も必要で……と非常に多くのことに時間を使っています。24時間に占める活動（タスク）はいったんすべて書き出します。もちろんプライベートも含みます。頭の中だけで覚えておいたような、「明日ゴミ出しだなあ」とか「そろそろ時計の電池を交換しなくちゃなあ」「切手貼って出さなくちゃ」「メールの返信」のような小さなタスクは書き出すとキリがないので、ここでは1時間以上かかるものを書き出します。

こうして一覧が箇条書きで棚卸しできたら、今度は優先順位をつけていきます。優先順位は締め切りの近いもの（緊急性の高いもの）だけでなく、自分が大切にしたいも

行動計画書

▶何をするか

▶実行日

▶どこで

▶誰と

▶どこまで

▶最初の10分で
どこまで

▶できたときの
ごほうび

▶必ずしなくては
いけない
状況設定

▶障壁になりそう
なことと対策

の（重要度の高いもの）も入れていきます。こうしないと「いつかハワイに行きたい」「痩せたい」といった夢はどんどん先延ばしされていきます。緊急かつ重要なものはもちろん最優先で取り組みますが、その次には緊急ではないが重要なものも少しでよいので入れ込むようにします。

しかしここで、多くの人が「緊急性の高いタスクだけで24時間全部埋まってしまいました。重要度の高いものが入る隙間がありません」というスケジュールパンパン状態になっています。

そこで、期限があって、こなすしかないタスクをもう一度見直してみます。

「これは私でないとできないことだろうか？　他の誰かに頼めないだろうか？」

「過去に似たようなタスクをやったことがあったかな？　そのときの方法が応用できて、時短できないだろうか？」

「期限の延期は交渉可能だろうか？　相談するだけしてみようかな」

「いつものやり方を根本的に見直してみようかな。いつも仕事が早くて余裕があるあの人ならどうするだろう？」

「惰性でこのタスクやってたけど、そもそも私ってこれをなんのためにしているんだっけ?」

などと自問自答してみるのです。この時に気をつけて欲しいのは、「寝る時間を削ればなんとかなる」「私がちょっと我慢すれば大丈夫」などの長期間は続きにくい方法を省くことです。無限の体力の持ち主はいません。24時間に入るようにタスクの側を調整するのです。あなたを調整してはいけません。

こうしてタスクが整理されて、どうしてもその月にやるべきことだけが残り、先延ばししているタスクを実行するための隙間ができたことでしょう。次のステップへ進めます。

2. 自己報酬マネジメント（自分のやる気の源を知って、先延ばしタスクを完了した後のご褒美として設定する）

いよいよ先延ばしにしているタスクへ取りかかるためのモチベーションを自分で上げていく段階です。「大人としてやるべきことはやって当然なんだから」などと禁欲的になりすぎるのはやめましょう。ゴミ出しのようなみんながご褒美なしで当然のようにしていることでも、仕事や育児のような社会では義務と言われているようなことでも、わざわざご褒美を設定します。これまで先延ばししたくなるほどモチベーションを持てなかったという「事実」に目を向けるのです。「事実、やる気が出なかったんだから、そのものへの動機づけだけではもう無理だ。ご褒美に頼ろう」と切り替えるのです。「このぐらいご褒美なしですべきなのに！」というすべき思考は捨てましょう。

ご褒美を決めるのにもコツがあります。

具体物を目に見える形にして自分にぶら下げることです。そして、ご褒美は分割方式でもらえるようにします。がんばり続けて1ヶ月後にもらえるご褒美ではなく、今10分間がんばったらもらえる小さなご褒美が大切です。前述したように、報酬は遅延させてはならないのです。

また、ご褒美はチョコや前から欲しかったバッグのような物でも、お出かけや外食に行くなどの体験でも、達成できたらチェックボックスに✔がつくような地味なものでも、褒めてもらえるような社会的報酬でもかまいません。大人に限って言えば、先延ばしタスクは終わりさえすれば最上の達成感、自己効力感、解放感がやってきてそれそのものがご褒美になりますので、今設定しようとしているご褒美はあくまで、エンジンをかけるための最初の補助にすぎません。

こうして自分で自分のご褒美を選び、遅れることのないタイミングで設定できれば、この段階はクリアです。

3. 先延ばしタスクの計画（TODOリストの作成、時間の見積もり）

いよいよ本丸の先延ばししているタスクを進めるための計画を立てます。

タスクの完成形をしっかりイメージしながら、無駄のない手順をまずはおおまかにTODOリストとして箇条書きにしていきます。カレー作りを例に挙げて説明しますと、最初は「材料を買う」「切る」「炒める」「煮る」ぐらいの大きな塊で漏れがないかチェックします。「あ、ご飯炊くの忘れてた」などの隠れたステップがないかよく確かめておきます。

これでおおまかな構造が決まったら、今度は1タスク10〜15分で終わるぐらいの細かいタスクに分解します。こうすることで、10分程度の隙間時間も活用できるようになりますし、他のタスクが横入りしても再調整しやすくなり、元に戻りやすくなります。そして何よりタスクを終えたときに✔を入れる達成感を多く味わえるようになります。ついでにご褒美も遅延しません。カレーの例ですと、「玉ねぎを切る、にんじんを切る、じゃがいもを切る」のような形です。

計画立てはＴＯＤＯリストだけではありません。

どんな場所で行うか（いつも台所でカレーを作ろうとして嫌になるが、思い切ってリビングで作ってみたらテレビを見ながらできて楽しかったとか）、誰と行うか（自炊が嫌いな友人とビデオ通話をつないで一緒にがんばったとか）、習慣化したい場合には日常のどの活動のついでに行うか（帰宅途中にあるスーパーで材料を買って帰ろう、その後帰宅して台所で手を洗ったついでに間髪入れずに玉ねぎの皮をむこうなど）、最初の10分で何をするか（水切りかごにある食器を食器棚に片づけるなど）などを決めていきます。この過程で、その先延ばしタスクをしている自分が映像で思い浮かぶぐらい具体的に想像できていることが成功の秘訣です。「そのうちやる気になってできるでしょう」と曖昧な状況設定をしてはいけません。

4．脱線防止計画と必然性設定（日々の管理に必要な必然性を環境設定）

前のステップでどんなに細かく設定できても、それでも先延ばしする確率は十分にあります。なぜなら、私たちは「計画立て」というと、なぜかいつも理想の自分を描いてしまうのです。「こうなったらいいな」と全く実態を無視してしまうのです。いわゆる「おりこうさん」の計画書です。こんな真面目すぎる面白くない計画書に従える人はあまりいないでしょう。

試しに自分に聞いてみてください。

「これ、ほんとにできる？　やりたいの？」と。

ここで、ちょっと言葉に詰まってしまう方や「がんばる」と言ってしまった方は、もう一度2と3のステップに戻って計画を立て直しましょう。「え？　ほんとに？　これをするだけでハンドバッグ買っていいの？　今すぐさせてよ」と言ってしまいたくなるぐらいご褒美は十分でしょうか。「え？　まさかベランダでカレーを作るの？　へんてこすぎるけど、面白そう！」のように、新鮮味に溢れた方法でしょうか。その条件を満たしても、まだ先延ばししてしまう場合があります。それは「別にそれをしなくてもただちには困らない」という場合です。カレーを作らなくてもちょっとお金を出せばご飯は食べられます。

こうした場合には、そのタスクをしないとまずい状況（必然性）の設定をおすすめしています。たとえば、身近な人に「今日はカレーを作るから食べに来て」と誘ってみたり、SNSで宣言してみたりすればもう引っ込みがつかなくなります。カレー用の高級ブロック肉を買ってしまえば、もったいなくて（損失を取り戻したい欲求）、必死で作るかもしれません。カレーを作ったら、晴れ晴れとした気持ちで行けるようにマッサージ店を予約しておくのもいいでしょう。こんなやらざるを得ない状況を作り出すのが最後のステップです。

また、思わぬ邪魔が入った、どうしてもスマホで時間を溶かしてしまった、他の緊急タスクが入った、自分の体調が優れなかったなどの理由で計画から脱線してしまった過去のある方には、そうした状況は繰り返し起きると想定して対策を立てておく必要があります。予備の日の設定が必要なのか、スマホを遮断するグッズを使うべきなのかなど検討すべきなのです。

一気にご紹介してきました。いかがでしょうか？

圧倒されてしまいますよね。これらのことをひとりで計画するのは、重いタスクです。これ以降の章では、この計画立てについていろんな事例をご紹介しながら、ご褒美や必然性設定のバリエーションに触れていただきたいと思っています。読み進めることで、自然とコツが身についていきます。

また、自分の先延ばしにおけるつまずきをわかりやすく把握するために、「先延ばしのタイプ分け」も作成してみました。どのタイプに当てはまるのかがわかれば、対策ももっと立てやすくなります。

それでは一緒に先延ばし克服を始めていきましょう！

2章

先延ばしの
6タイプ

先延ばしにはタイプがある？

先延ばしのご相談を毎日のように受けながら、私は前章でご紹介したような背景を想像しながら、「この方の先延ばしの原因は、おそらく抑制制御障害のために誘惑に打ち勝つことができなくて、計画から脱線してきたせいで、もうタスクそのものが嫌になってしまったんだなあ」とか、「早く結果が欲しいタイプ（報酬遅延障害）だから、さっさと終わらない長期間のプロジェクトになると先延ばしになっちゃうんだな」と原因を探って対策を考えています。

そのプロセスの中で、先延ばしタイプを6つに分けるとご自身がどの原因で先延ばししているかがわかりやすく、対策がとりやすくなるのではないかと考えつきました。

みなさんはどのタイプでしょう？

簡単なチェック項目を用意しました。

次の6つのタイプのうち、自分に当てはまる部分が多いな、と思うタイプから読み進めてみてください。

①めんどくさがりで飽きっぽいナマケモノタイプ

□新年に何か目標を立ててもすぐ頓挫する
□待つのが苦手
□ご褒美がないとやる気が出ない
□ダイエット前に着たい服を買ってがんばる
↓
58ページへ

②ギリギリスリル依存のチータータイプ

□テストはいつも一夜漬け
□追い込まれたほうがいいパフォーマンスが出せる
□やらなきゃなとわかってはいる
□「あれ、どうなった?」とよく聞かれる
↓
62ページへ

③他のことに夢中になりがちな犬タイプ

□テスト前に漫画を読み始めてしまう
□肝心なことをやっていないケースが多い
□「それは今やらなくていいよ」と言われる
□大変な仕事が金曜に残っている
↓
67ページへ

④なぜか焦れないコアラタイプ

□「マイペースだね」とよく言われる
□手帳やカレンダーアプリもあまり使わない
□作業時間を読むのが苦手
□まだ時間はある、と思っていたのに結局焦ることがある
↓
71ページへ

⑤まとまった時間がとれず忙しいみつばちタイプ

□「完璧主義だね」と言われたことがある

□「ちゃんとしないと」と思いがち

□難易度の高いタスクに気が重くなりがち

□「まとまった時間」ができた試しがない

↓
77ページへ

⑥「いつかいいタイミングで」のゾウタイプ

□いつかこれができたら、という願望がたくさんある

□ノートを見返して自分の目標に気づくことがある

□目標の障壁を見て見ないふりをしがち

□やる気さえあればできると思っている

↓
82ページへ

1 めんどくさがりで飽きっぽい ナマケモノタイプ

なかなかやる気そのものが出にくい上に、すぐに終わらないと途中で飽きてしまって投げ出したくなるのがこのタイプの特徴です。やる気そのものが出にくい原因としては、脳の報酬系に特徴があるのかもしれません。報酬系が活性化することでやる気が出ることがわかっているのですが、どのような刺激に対して活性化するかにはかなり個人差があるようです。

たとえば、日々の掃除や料理、ゴミ出しなどの雑用にはまるでやる気が起こらないが、ギャンブルや非日常のイベントに対してはやる気を起こしやすいなどの特徴はないでしょうか？　誰しも、日々の慣れているルーティンよりは、新しい刺激のほうに活性化されるものでしょう。

しかし、この落差が大きいのがこのタイプかもしれません。

ひと言で言えば、刺激的なことは好きでやる気が出るけど、同じことの繰り返しに対しては最低限のやる気も出なくて、「義務だよ」「みんなやっているよ」などの常識的な促しでは、なかなか火がつかないのがこのタイプになります。そんなやる気の炎がせっかくついても、それが長続きしないところには、報酬遅延障害が関連していそうです。前章でも述べた通り、「すぐに終わる」ことが最大の報酬だとすれば、なかなか終わりそうにない複雑で長い工程のあるタスクの完了は、遠すぎる報酬で魅力が半減してしまうのです。それでなかなかやる気が継続しません。

このタイプにおすすめの先延ばし克服法はとにかく「やる気をいかに起こして「いかに続けてもらうか」です。

タスク全体をスモールステップに小分けして、すかさずご褒美を挟み込んでいく仕組みづくりが必要です。このタスクの「**小分け**」には、けっこうコツが必要です。小分けの秘訣は、個数で、エリアで、時間で分けていく方法がわかりやすいでしょう。

たとえば、部屋全体の片づけをするという大きなタスクなら、

「個数で……ゴミ捨ての日に5つだけゴミを捨てる」

「エリアで……引き出しのこの1段分だけ」

「時間で……5分間だけ拭き掃除をする」

といった具合です。やる気を起こすにはこの小分けの最初の一歩をできる限り「ちょろいもの」にすることが大切です。片目をつぶっていてもできるような簡単さで、仮に日曜のまだ眠い布団の中から寝そべったままでもできるぐらいの最初の一歩がいいですね。

たとえば、布団に入ったままスマホで**「お片づけ動画を見る」**なんてどうでしょう。見ている間にいい刺激を受けてやる気が出そうです。布団の中で、とりあえず朝ご飯は何を食べようかとシミュレーションしてみるのもいいでしょう。寝起きのいい人なら、掃除を始める前にちょっとコーヒーでも淹れてみるというのもいいでしょう。このように最初の一歩目をどう作るかがポイントとなります。

こうしてやる気に火がついたら、次はどう継続させるかです。

小分けにしたタスクの合間に、わんこそばのように、ご褒美がひょい、ひょい、ひょいと配置されることが大切です。報酬遅延障害の特性のある人には、とにかく待たせてはいけないのです。たとえば、家中の大掃除が終わったらそばを食べようではなくて、引き出し1段分が済んだらチョコ、押し入れの4分の1が済んだらコーヒーのような感じです。タスク→ご褒美→タスク→ご褒美の繰り返しが多く、スパンが短いほどやる気は継続します。

また、ご褒美の設定にもひと工夫必要です。

中には高額な金銭的報酬にしか反応しないという報酬系の特徴をお持ちの方もいらっしゃるでしょう。掃除をがんばったところで誰も高額な報酬をくれはしないので、お住まいの近くのハウスクリーニング業者を検索して、今回掃除しようとする範囲のことをお願いするとしたらいくらぐらいかかるのかを調べてみてもいいでしょう。「そうか！　業者に依頼すると6万円もかかるんだ」と思えば、「その6万円を浮かすぞ。浮いたお金の一部で、前から食べたかった高級ステーキのお店に行こう」とご褒美設定するのもいいでしょう。

一方で多くの人は金銭的損失への感受性が報酬以上に高いことも臨床上知られています。私は某外資系コーヒーチェーン店でよく執筆仕事をするのですが、ケチなので最も安いドリップコーヒーを頼むのが常です。しかし、ここぞという先延ばしタスクを行うときには、あえて高いメニューを注文します。なんとかフラペチーノとかです。あまり甘いドリンクを好まないのですがこのときばかりは高額な注文をします。

すると「元をとるまで帰れないぞ」とタスクをこなすモチベーションが湧くのです。こうしたご褒美設定や損失を取り返すぞというモチベーションを燃料にして着手する作戦を試してみてください。

このタイプのまとめ

義務感だけでやる気を起こそうとがんばるより、もっとグッとくるご褒美を小分けにしたタスクの隙間に配置しよう！

2

ギリギリスリル依存のチータータイプ

締め切りギリギリになって、ものすごいスピードで仕上げてなんとか間に合ってきた人に多いタイプです。なんとか間に合わせられる短時間集中力の持ち主である証拠ですから、能力の高い人こそ、陥ってしまう落とし穴とも言えます。学生時代の試験

はほとんど一夜漬けだったという人も多いでしょう。みなさん、「あのスーパーマンになったようなとんでもない集中力が忘れられない」とおっしゃいます。

このタイプは1章でご紹介した「疑似成功感」を抱いている点が特徴です。擬似成功感とは、直前にやったほうが、効率がいい感じがすることです。実際締め切りに間に合わせるための不安と緊張感から、過度な集中力が生まれて、脇目も振らず集中できたのでしょう。その結果、なんとか間に合うと、「なんだ。集中してやれば案外前夜からでも間に合うじゃないか。次からも直前まで先延ばししたほうが効率よくやれるんじゃないだろうか」と学習してしまうのです。これを繰り返している状態です。

一見何も問題がないように見えますが、**「お尻に火がつかないとがんばれない人」**が形成されていくため、長期的なプロジェクトや数年がかりでチャレンジするような難関の資格試験で失敗するリスクがあります。また、チームで取り組むタスクの場合、他のチームメンバーからすればハラハラさせられます。信用という点では、ちょっと危なっかしいと言えるでしょう。

対策としては、まずは実際にギリギリになってから取り組むというこの戦略が成功しているかどうかを検討する必要があるでしょう。

というのも、私は仕事柄、いろいろな業界の方とお話しする中で気づいたのですが、業界によってはみんながギリギリという職場環境もあるようなのです。あるテレビ局の番組制作の現場や出版業界では、「間に合えばギリギリでもＯＫ！」が常識となっているそうですし、間に合わせるために泊まり込むことも珍しくないと聞きました。このように職場の風土として、ギリギリをお互い許容し合っているのならば特段問題にならないのかもしれません。

ですから、ここでは、自分のギリギリ戦略が自分のいる場所でどの程度許されているかをシビアに判断したほうがよさそうです。

たとえば、「いつもギリギリでやってきたし、それで実際締め切りに間に合わなかったことはないからＯＫ」なのか、「若い頃は、会社の椅子を並べて横になって少し寝たらまたがんばれたから徹夜もできたけど、今はそんなことしたら向こう3週間体が使いものにならないから、そろそろこのギリギリ依存をやめねば」なのかを検討するのです。具体的には、ギリギリのメリット・デメリット分析を行うといいでしょう。締め切りの迫ったギリギリの段階でタスクに取り組むことのメリットとデメリットを箇条書きで書き出すのです。なるべく最近のギリギリを攻め込んだときのことを思い出して具体的に書くといいでしょう。

ここには会議の発表資料を一夜漬けで作成した人の例を挙げます。

ギリギリのメリット・デメリット分析

メリット

- 今回の発表資料には最小限の時間を使うだけで済んだので他の仕事が捗《はかど》った
- 間に合ったときにものすごい達成感を覚えた
- 一気に仕上がるのでワクワクして集中できて気持ちよかった

デメリット

- 一睡もしなかったので、その会議の後は居眠りして上司に叱られた
- 一夜漬けにしてはいい出来だったが、もう少し準備期間があればより完成度が上がった
- 上司のチェックを受ける時間がなかった

リストアップが終わったら、メリットとデメリットを比較してみましょう。どちらのほうがインパクトが強いでしょうか。個数ではなく、ひとつでも自分にとって「おお！　これはちょっと見逃せないな」と思うものがあれば大きく捉えます。「コツコツ努力することは美しい」といった既成概念はいったん忘れて、自分の基準で見てみましょう。

「うん、今見ても、メリットが大きいな」と思えばギリギリ戦略はしばらく続けてよいでしょう。「これではいずれ叱られるな」と思えば1日でも早めの着手に踏み切るなど調整が必要でしょう。

このタイプのまとめ

時間あたりの生産性は高いあなた！
ギリギリの結果を改めて分析してみて。

3

他のことに夢中になりがちな犬タイプ

このタイプは、先延ばしタスク以外のことを、もっともらしい理由をつけて始めてしまうタイプです。典型的な試験前に掃除を始めるスタイルで、大人になってからは、企画書を書こうとパソコンを起動したものの、メールチェック、SNS偵察などから始まり、さらにはデスクトップの整理を始めながら「これは業務の効率化に必要だから」と考えている人もここに含まれます。

側から見ればわかりやすい現実逃避なのですが、本人は「これは大事なことだ」「価値がある」「今やる必要があるんだ」と言いながらどうでもいいことをこなしていきます。もちろん本人だって、うっすら「いやいや、今はそれをする時間じゃない」なんてことをわかってはいるのです。

このタイプの先延ばしの原因は不安です。先延ばしタスクに直面すると待ち受けているかもしれない不安を避けるために、もっともらしい理由や他のやることが必要なのです。合理化と言えます。従来不安の高いタイプの人で、かつ「自分はこのタスクをちゃんとやれそうにない」という自分の対処能力への自信のなさがある場合、先延ばしが生じるでしょう。

しかし中には、必ずしも不安を回避するわけではなく、いくつかあるタスクの優先順位づけをしていない場合や優先順位のつけ方が間違っている場合もあります。ADHDの分野では意思決定障害と呼ばれていて、短期的な結果の予想に基づいて決断してしまったり、リスクをとりすぎる決断をしてしまったりすることが問題視されています。先延ばしはまさに「短期的な結果」の重視と「長期的な結果」の見落としが意思決定の失敗と言えるでしょう。

また、ひとりよがりに優先順位づけをしてしまい、がんばっている割に評価されなかったり、努力した割に相手が喜んでくれなかったりすることもあるかもしれません。極端な例を挙げれば、上司にカレーを急ぎで作ってくれと頼まれたのに、カレー鍋についているコゲつきが気になり鍋をピカピカに磨き上げれば全く評価されず、肝心のタスクが結果的に先延ばしされてしまい叱られる、という両者ストレスフルな結果を招きます。

対策としては、優先順位について今一度自分に問いかけつつ、現実逃避していないかのチェックをしてみるといいでしょう。

「それって本当に今一番重要で緊急なこと？」

「それよりもっとすべきことがあるのに、つらくて逃げているだけでは？」

人から言われるときつい問いかけなので、自分で質問してみるほうが安全でしょう。もしも、回避行動としての先延ばしである場合、**「不安は避ければ避けるほど大きくなる。先延ばしは長期化するほど深刻になる」**という事実を思い出してください。これまでの自分の歴史の中でもそれがわかっているはずです。

先延ばししている間に何をしても心から楽しめずに心の中にモヤモヤを抱えている感じがありませんでしたか？　締め切りが迫るにつれて、「これだけ遅くなったのだから、より高い基準でしないと許されない」と考え始めて、プレッシャーが高まっていきませんでしたか。「まだやるべきことをやっていないし」と思うと、いつもなら進んで参加する集まりや楽しみをお預けにしてしまうことがなかったでしょうか。大事な人が目の前にいるのに、先延ばしタスクのことが頭にちらついて話に集中できないことはありませんでしたか。そうした嫌な時間をどうにか払拭したくて、どうでもいいことを割り込ませてしまうことはありませんでしたか。

……いかがでしたか？　このぐらい自分に問いかけると、「他のどうでもいいことやってる間もわりと辛かったな」「どうでもいいことをやってる間により事態は深刻化しているな」などの気づきが得られるはずです。それに気づけば、先延ばし克服のモチベーションはずいぶん上がってくるでしょう。

このタイプのまとめ

今それする必要ある？
現実逃避では？

4 なぜか焦れないコアラタイプ

「締め切りがもう明日なのは頭ではわかっているんです。でもなぜか焦れないんです」どこか他人ごとのように言う方がいます。

この「なぜか焦れない」ため着手できないのがこのタイプです。

このタイプはさらに、経験が浅いために締め切りまでに実際に何時間使えるかがピンときていないという年少者と、これまで締め切りをいくつか踏み倒したけど相当な窮地には陥らなかった（生き延びることができた）強者に分かれます。

年少者の場合には、たとえば試験前の中学生を思い浮かべてください。「試験まで1週間もある。だから1～2時間ぐらいゲームしたって、余裕で間に合う」という見積もりをしていたとしましょう。この中学生は「1週間ということは、24時間×7日間の合計168時間が試験勉強に使えるな」という錯覚に陥っているのです。こうし

た場合はその錯覚を修正するために74ページのような図を作って、朝の支度、学校、夕食、お風呂、睡眠のような毎日のルーティンを記入して、それらが入っていない部分を全て勉強に充てたとしたら何時間になりそうかを数えてもらいます。

指で数えていくと、なんと平日が25時間、土日をフルに勉強したとしても25時間、合計すると50時間となります。試験教科は9科目なので、1教科あたり最大5・5時間かけることができるというわけです。実際にはこれに休憩や他の予定も入るわけです。もしもこの中学生が「試験までにこのワークを終わらせないといけない。1ページあたりどう短く見積もっても30分はかかるでしょ。それが10ページ。やばい！　この時点で5時間だ！　今すぐ始めないと間に合わない」、こんなふうに**危機感を持つこと**ができれば大成功です。

ただ、勉強内容が曖昧かつ「本気出せばワーク10ページぐらい合計1時間でいけるはず！」のような楽観的すぎる見通しの持ち主だとそれでも失敗します。こうしたタイプの場合には、一回の試験はあえて「失敗」を経験するのも財産になります。「そうかあ、あの見通しだと甘かった。それで試験はさんざんだった。今度は1教科あたり少なくとも7時間はかけられるプランでいこう」と今後の計画立ての材料にすればいいのです。大人になってもこの傾向のある方は、時間処理障害への対策を取ります。自分の体感としての時間感覚に頼るのではなく、すべて**「過去のタイムログ」を基準にして計画を立てる**ようにするのです。「この手の書類仕事はいつも本気出せば15分で終わるって思いがちで、いざ始めると必要な添付書類を探し回ったり、先に振り込みが必要だったり、役所の書類を取りに行かないといけなかったり、写真が必要だったりして、すぐには終わらないんだよね。前は結局1週間以上かかった。だから今度は先に書類全体を見渡して、必要なものをリストアップしてから、1週間ぐらいかけて少しずつ進めよう」という感じです。これまで経験のないタスクに関しては、先に1ページだけ進めてみてどのぐらい時間がかかるのかを計測したり、5分だけ進めてみてどのぐらい進むのかを記録したりして、全体の所要時間を予想するようにします。また、スケジュール帳は中学生の例（74ページ）でお示ししたような「縦軸に時間が伸びている」バーティカルタイプをおすすめします。これですと縦の長さが時間の長さになるので、体感的にどのぐらいの空きがあるのかをつかみやすいのです。

一方で、これまで締め切りをいくつか踏み倒したけど相当な窮地には陥らなかった強者の場合はどうすればいいでしょう。

	7/3（月）	7/4（火）	7/5（水）	7/6（木）	7/7（金）	7/8（土）	7/9（日）
6:00				睡眠			
7:00			朝の支度				
8:00							
9:00							
10:00							
11:00			学校				
12:00						昼食	
13:00							
14:00							
15:00							
16:00							
17:00							
18:00				夕食			
19:00							
20:00				お風呂			
21:00							
22:00							
23:00				睡眠			
24:00							

該当する場合、既に仕事でも「あの人は締め切りにルーズな人」と信用を失い、友達からも「返事がこない」「遅刻魔」として知られているでしょう。それでもなんだかんだ解雇はされていなかったり、あきれられながらも少数の友達がいてくれたりすると、本人としてはギリギリなんとかなっている状況です。現状に感謝して生きていくのもある意味いい人生かと思います。

しかし、ご本人が「もうこんな先延ばししながら、あちこちに謝ってばかりで、休日もくつろげない人生をどうにかしたい！」と思っている場合には、**「必然性の設定」**をおすすめしています。ちなみに「休日くつろげない」というのは、決して先延ばしタスクに追われてバタバタしているわけではなく、「なぜか焦れない」と言いながらも「でもしなくちゃなあ」とモヤモヤしながらスマホをいじっているような状況です。この内部の葛藤がなかなかきついのですよね。

さて、必然性の設定にはタスクの種類に応じていろいろコツがあります。

正直、現代社会においてたいていのタスクはしなくても死なないことが多いと言えます。部屋の片づけができなくても相当なゴミ屋敷になってもゴミに埋もれて死んでしまうリスクは果てしなく低いです。だからこそ、先延ばしできるのですね。ですから、自分で**「しないとまずい状況を作り出してしまう」**というのがこの必然性の設定のコンセプトです。これは意志の力だけに頼らずに、状況の力を借りる強力な方法です。「明日締め切りの書類がある。そのために土日こっそり仕事の書類を家に持ち帰ったものの、手つかずでネットサーフィンばかり」という場合には、駐車料金の高いエリアまであえて車で行き、コインパーキングに停めて、カフェに入ってタスクをこなします。いつもなら気が散るとすぐに帰りたくなったり、スマホをいじってしまったりする人でも、高額な駐車料金がどんどん課金されていく状況なら、タスクから脱線している場合ではありません。似た例で、パソコンの電源コードをあえて持たずにカフェに行ったり、スポーツクラブの入会金を先に払ったり、家族などにそのタスクが終わるまでお金を預かっておいてもらう預かり金制度なども利用できるでしょう。

片づけ系のタスクの必然性設定には、友達を家に呼ぶ約束を今すぐする、不用品買い取り業者の訪問日の予約を今すぐするなどはいかがでしょうか。

最近ではこうしたタスクの成果を証拠写真としてアップロードして、同じようなタスクを抱えた仲間に承認してもらうことで習慣化を促すアプリや、作業場面を見守ってくれるアプリも増えています。上手に活用して、自分を追い込めば、結果的にプレッシャーが減って、すっきりした気分が味わえるでしょう。私たちは自由を求めながらも、ある程度自分をコントロールしたいものなのです。

このタイプのまとめ

なぜかいつも時間が足りなくなる人は締め切りまでに使える時間を計って現実を認識し、タイムログをとり、実測で計画を立てよう。締め切り踏み倒しの前歴のある人は、すぐにせざるを得ない必然性を設定しよう。

5 まとまった時間がとれず忙しいみつばちタイプ

「ずっと部屋を片づけたいと思っているんですけど、忙しくて」
「いつかは転職を考えたいけど、日々に追われていてなかなか……」

「写真整理をしたいけどアルバム作りって時間かかるでしょう」

こんな声をたくさん聞きます。このタイプは、とにかく忙しさが先延ばしの原因という人たちです。

一方で、たまに仕事もバリバリで、趣味もトライアスロンに音楽、読書にワインにも詳しくて……という「いつ寝てるの？」という人を見かけます。多忙なことは間違いないはずなのに、いっさい先延ばしなどなく人生が充実して見える人です。もちろん体力には個人差がありますので、誰しもそうなれるとは思いませんが（うらやましいものですが）、忙しさが先延ばしの原因ではないのかも……と思わせてくれる一例ではあります。

忙しさを先延ばしの原因と考える人たちに共通するのは、**隠れた「完璧主義」**です。「部屋が片づけられなくて」という方に、理想の部屋を聞いてみましょう。すると「インテリア雑誌やＩｎｓｔａｇｒａｍで見かけるような、おしゃれな部屋」が目標であり、そのためには不要物の処分に加えて、賃貸マンションでも取りつけ可能な壁紙を自分で貼ったり、フロアマットを敷き詰めたり、間接照明を仕込んだり、棚を自作したりと業者顔負けのＤＩＹを計画していることがあります。たしかにそれは

1ヶ月以上かかりそうですね。普段のルーティンをこなしながら、そのDIY時間を捻出するのは物理的に難しいはずです。それは忙しい！と納得してしまいます。他にも、社内の誰もしていないようなアニメーションとおしゃれフォントを多用した完璧なプレゼン資料を作ろうとしていたり、クローゼットの整理だけでなくせっかくならパーソナルカラー診断や骨格診断をプロに依頼して似合う服の研究をしてしまいたいなどの壮大な計画を持っていたりします。

ここまで読まれると、「著者は壮大な夢はあきらめろと言うのか？」と嫌な予感を持たれていませんか？　大丈夫です。あきらめなくていいですし、むしろ私はそういう夢を応援したいです。「〜したい！」という願望ほど生きるエネルギーに溢れたものはないからです。

では、こうした壮大で完璧な完成図の持ち主はどうしたらいいのでしょう？

対策は1番最初にご紹介した①めんどくさがりで飽きっぽいナマケモノタイプと同じです。**壮大な計画をできる限り小分けにし、特に最初の一歩目をちょろいものにするのがコツ**です。おしゃれな部屋への第一歩は「ネットで好みの部屋の画像を保存する」でいかがでしょうか。イメージを具現化する作業は、その後の計画を実践的にします。完璧なプレゼンを目指す人は、「プレゼン資料の極意」のような動画を探して知識を蓄えるのはいかがでしょう。似合う服にたどりつくためには、おしゃれな友人とランチしながら「どこで服を買ってるの?」など「おしゃれのコツ」について聞いてみてもいいでしょう。こんなふうに、小さく小さく分解して、少しずつ近づいていくのです。

一気にゴールに到達できないもどかしさもあるので、ちょっと慣れが必要ですが、年間目標「部屋全体がおしゃれ」を1月の目標「テレビ周りの不要物の処分」、2月の目標「洗面所の棚の不要物処分」のように月間目標に分解すると「着実にゴールに近づいているぞ」と実感できるでしょう。しかし、「明日のプレゼン」のように期日が迫りながらも壮大なゴールを描いてしまう癖のある場合には、時間枠におさまる完成予想図に修正することも必要です。

部屋の片づけは比較的小分けにしやすい課題ですが、一度火がつくと何時間も没頭して作業をしたいというタイプの方もいます。

私は仕事柄、本を書いたり論文を書いたりされている方の計画立ての支援もしていますが、このタイプの職業の人たちは一度集中モードに突入すると何時間も熱中できる性質の方が多いです。こうなると今度は「他の仕事で邪魔されたくない」、ならなら「ご飯や睡眠やお風呂さえ邪魔」というモードになります。ひとたび中断されて、この集中力が切れてしまうのがもったいないのです。そうなるとなかなか元のタスクに戻れなくなります。しかし、生きている限りこの中断はなかなか0にできません。まとまった時間はとれないものなのです。ですから、しぶしぶ「本当はまとまった時間で一気に仕上げたい仕事」を、**中断されることを前提に**15分単位の小分けにしておくことをおすすめしています。

たとえば1本の論文を書くのに要する時間は個人差はありますが約100時間と言われています。それを「1つの表の作成」「引用文献の整理」「論文検索」など細かく分けて、**15分単位にしてしまう**のです。そうすれば、ちょっと電車に乗っている間、スマホからできるかもしれませんし、ちょっとお風呂にお湯を張っている間、ウェブミーティングに早めに入ったものの待たされている間、バスがなかなか来ないときなどの隙間時間を見つけて、作業に取り組むことができます。急に横入りした会議や他の仕事があっても、15分単位のスケジュール調整なら、3時間のタスクよりは容易でしょう。

このタイプのまとめ

壮大で完璧な計画を立てがちな人ほど、忙しさを理由に先延ばしする。タスクを小分けにして、最初の一歩を踏み出そう。小分けにすれば、リスケしやすいし、隙間時間でも少しずつゴールに近づける。

6 「いつかいいタイミングで」のゾウタイプ

「今はやる気が出ないから、やるタイミングじゃない。またやる気の神様が降りてきたときにしたほうがいいよね」と先延ばしするのがこのタイプです。多くの人に当てはまるのではないでしょうか？

「今日は晴れているから掃除って気分じゃない。もったいない。出かけよう」と言っていた人が、今度は雨の日になると「こんなじめじめした日に部屋の掃除をしても、すっきりしないし、のんびり映画館にでも行こうか」とまた乗り気にならず先延ばしすることもあるでしょう。もうこの際、なんでも先延ばしをする理由になってしまうのです。きっと永遠に「掃除！」っていう気になる日がこないのかもしれません。下手をすると、先延ばしタスク自体を忘れてしまうかもしれません。「そうだった、そうだった！　何か忘れてるって思っていたけど、私は掃除したいと思ってたんだった」という具合です。忘れたのが掃除ならそこまで損失はないでしょうけれど、頼まれていた仕事だった場合は青ざめますね。私はたまにやってしまいますが……こんなふうになる原因は、「認知的回避」と呼ばれる現象です。「なんとかなるさ」と言い聞かせて、**それ以上考えるのをストップしてしまう**のです。考えるのを避けている状況なんですね。深く考えないので、「掃除ってどこをどんなふうにやるのか」は具体的に計画を立てられておらず曖昧なままです。こうなると、必要な道具がないといった支障がひとつ増えますし、だいたい何時間ぐらい確保すればいい掃除なのかもはっきりせずに余計に計画を立てにくくなります。また、いったん着手したとしても、いつ終わるかわからないマラソンを走らされているような辛い気持ちが待ち受けているわけです。

認知的回避は、頭の中で先延ばしした末路の想像をストップさせて、見通しが甘い、都合のいい未来の想像をほんわりとまとうことで不安を和らげているのです。これではいつまでたってもやる気は起きません。それだけでなく、回避に要するエネルギーはなかなかなもので、実は目の前の作業にすべてのエネルギーを費やせないので、日々のパフォーマンスは悪くなっている状況でしょう。いつも「ああ、ほんとはあれやらなくちゃだけど」とふとした瞬間に先延ばしのことを思い出すたびに、「どうにかなるって！　大丈夫！」とその不安を封じ込める力を要するのです。これは案外集中力を妨げるものですし、睡眠の質を下げます。リラックスした時間にこそ表れやすいので、徐々にくつろげなくなります。

このタイプの先延ばし克服の秘訣は、**「今すぐ着手する」**シナリオと**「先延ばしする」**シナリオの2パターンを物語の最後までイメージしきることです。私たちは自分に不都合で怖いシナリオは、途中で想像をやめてしまいがちなのです。

たとえばこんなふうに進めます。

最初に今すぐ着手するシナリオを想像してみます。

「今すぐ部屋の掃除をしたら、朝からすっきりした気分になった。我ながらすごいと自分を誇りに思えて、調子に乗れて、着替えてメイクして、出かけるかもしれない。掃除というやるべきことが終わっていると、なんの罪悪感もなくインテリアショップに行けるなあ。綺麗な部屋だからこそ、観葉植物やオブジェが映える。何か買い物してみようかな」

ものすごく幸せで自己肯定感に溢れる1日が過ごせそうですね。

反対のシナリオも想像してみます。つまり、掃除を先延ばししたシナリオです。

「休みの日の朝。今日こそ部屋の掃除をするぞと思っているけど、やる気が起こらなくて布団の中でスマホをいじっている。起きたって待ち受けているのが掃除じゃ起きる気にもならないな、と別にたいして面白くないリール動画をおすすめされるままに見ている。さすがにトイレに行きたくなって布団から出ると、今度はのども渇いているので冷蔵庫からペットボトルの炭酸飲料を取り出して飲んで、また布団へ。気づけば布団の周りに飲みかけのペットボトルがもう5本も転がったまま。ペットボトルを捨てる日ってすぐ忘れるし、こんな中途半端な本数であの指定のゴミ袋費やすのももったいないし。そんなこんなで気づけば床にはいろんなものが散らばってるな。あ、こんな部屋見るたびに自分に嫌気がさす。現実から目を逸らしたくてまたスマホをいじっていると、二度寝していた……気づいたら昼を過ぎてた。また休みの日を無駄に過ごしてしまった。自己嫌悪。とりあえずマスクしてコンビニに弁当買いに行こうか。いや、それも面倒なのでＵｂｅｒ頼もう。今月何回も使ってるから、お金が足りないな。ああ、嫌になる。髪もベタベタ、昨日お風呂入らないまま寝たし。こんな自分が嫌。洗濯も終わってないし、明日から仕事とか無理」

どうでしょうか。最悪な日ですよね。「嫌」という言葉が頻出していますね。これは私の意見ですが、**自分のことを嫌いになるのは、この世で一番辛いこと**ではないかと思います。

2通りのシナリオを最後まで想像しきった上で、どちらを選択するか意思決定しましょう。この選択はあなたの自由で、人生のコントロール権はあなたが持っているのです。

私はこの最悪なシナリオもわりと経験してきました。しかし、この最悪を知っているからこそ「ああ、またあの思いはしたくない」と強く思えますし、あの窮地からは他でもない自分じゃないと抜け出せないことも知っています。最後に「こっちのシナリオでいきます」と**決定できるのは自分だけ**なのです。

このタイプのまとめ

「いつかやる気が出たときにしよう」は楽観的なシナリオのみに焦点を当てすぎている認知的回避。最悪なシナリオも最後まで想像しきった上で、選択しよう。

さて、先延ばしの6タイプをご紹介してきましたが、みなさんはどれに当てはまりましたか？　みなさんの参考になる具体策はありましたか？

「いまいち自分の例には当てはまらない」

「いや、私が先延ばししているのはそういうことじゃなくて」

などなど、まだまだお答えできていないことがたくさんあると思います。
こちらでご紹介したタイプははっきり分かれているわけではなく、2つ以上のタイプにまたがる混同タイプの人も多いのです。ですから、みなさんには「ああ、ここは私に当てはまるから役立ちそうだな」「ここは全然違うな」と該当箇所をつまみながら読んでいただくのもよし、「一見自分と関係なさそうな話だと思ったのだけど、読み進めていったら、自分みたいな話が書かれていた」なんてこともありますので、自分に該当しなさそうなタイプについての事例も読み物としてざーっと読んでいかれるのも学びはあります。

3章からは、先延ばししているタスクの性質ごとに、いろんな事例をご紹介しながら実際どんなふうに先延ばしを克服できるかについて学んでいきましょう。

3章

「簡単なこと」なのに先延ばし

朝飯前の作業なはずなのに……

先延ばしの相談を受けていると、しようと思えばすぐできるはずなのに先延ばししているタスクのある人がいます。目的地を事前にＧｏｏｇｌｅ Ｍａｐで調べるとか、切符を事前予約するとか、メールを返信するとか、飲んだコップを洗うとか、ダイレクトメールを開封するとか、所要時間はせいぜい5〜10分のはずなのに「なぜか」したくないというものです。

これらひとつずつはたいしたことがないのですが、積み重なって沈殿していくとやっかいなもので、地味に私たちの心を重くします。

しかし、先延ばしの克服のスタートとしては、この短時間で終わるタスクが最適です。まずはこの章に該当しそうな課題から始めましょう。

この章では朝飯前タスクに取り組む3事例をご紹介します。いずれも匿名で、複数のケースを組み合わせた架空の事例です。

case 1

メールの返信をすぐ溜めてしまい、問い合わせが来て慌ててしまう

総務課勤務のタツオさん（30代男性）は、業務範囲が広く、さまざまな雑務をこなしています。メールや電話でたくさんの仕事が飛び込んできます。タツオさんは常にメールをチェックして緊急の依頼がきていないかチェックしています。

メール以外にも関連部署から内線や直接の訪問でしょっちゅう呼ばれて自分の仕事が中断されます。正直そういうときはイラッとします。不機嫌が顔に出てしまうのも自己嫌悪の一因です。

こんな調子なので、タツオさんはすべてのメールを一読するものの返信をする暇がありません。特に、ちょっと複雑なメールには返信するのを先延ばししてしまい、相手から返事を催促されることもしばしばです。

結局、他の部署の人たちが帰宅して内線をかけてこなくなる残業時間帯になって初めてタツオさんはメール対応を始めることができるのです。100件以上溜まった

メールボックスを再度開く瞬間にうんざりします。あまりに辛いので、ひとまずやる気を出すためにスマホを出してＳＮＳを見たりして気分転換します。それで結局だらだらと会社に居続けてしまいます。メールのためだけに残業していることを上司はよく思っていません。タツオさんなりに一生懸命働いているのに、評価は伴わず、息が詰まりそうです。

タツオさんの先延ばしの原因

タツオさんは2つの先延ばしタイプに該当しそうです。

1 めんどくさがりで飽きっぽいナマケモノタイプ

＋

2 ギリギリスリル依存のチータータイプ

メールはタツオさんのように隙間時間でメールを一度読みながらもその場で対応せず、残業時間帯になって改めてメールを読んで対応するより、一度開封して読んで内

容を理解したタイミングで対応するほうが効率的です。読んで理解するプロセスを2回繰り返しているだけでなく、最初メールを読んだ瞬間に反射的に逃げ、その後も「ああ、あとでやっかいなメールに対応しなくちゃいけないなあ」と気が重くなり、目の前の作業への集中を欠いてしまうのが残念な点です。かといってしょっちゅういろんな問い合わせの電話がかかってきたり、「ちょっといい？」と呼びかけられたりするタツオさんの今のポジションでは、確かに複雑なメールへの対応のためのまとまった時間がとれそうにありません。

問題は、**メール対応のためのルール**（方針）が整っていないことです。どんなメールもすべて一度目を通して緊急で対応すべきことがないかをチェックしている点は素晴らしいのですが、結果的に効率が落ちています。優先順位をつけて対応のタイミングを最適化していく必要があるでしょう。日中の時間でメール対応をすべてあきらめてしまうのではなく、ちょっとした隙間時間もうまく活用して欲しいものです。しかし、タツオさんは「メール対応1時間」とまとまった単位でこのタスクを捉えているので、なかなか難しそうです。

先延ばし克服のための対策

タツオさんにはメール対応のルールを決めてもらいました。「メール対応のルール？　そんなの特に決めてなかったです。決めたほうがいいのでしょうか？」

そうです。毎日のタスクですから、効率を見直して、間違いない方法でやっていくことで、先延ばししない仕組みが整うのです。読んで放置してまた残業時間帯に読む効率の悪さを改善しましょう。

タツオさんには次のようなルールを設定してもらいました。

メール対応ルール

- 5分以内に処理の済むメールはその場で処理
- お決まりの定型文は辞書に登録しておく（「おせ」と入力したら「お世話になっております。〇〇課の〇〇です。」が自動で入力されるなど）
- 5分以上処理にかかるものには印をつける（メールがTO DOリストになって、抜けがなくなる）

「まとめて返信」ではなく「ちょこちょこ隙間時間で返信」

また、タツオさんの担当しているメール以外の他のタスクも、なるべく小さな単位に小分けにしてもらいました。これで、いろんな部署から呼び止められても、中断がストレスになりづらく、元の作業に戻りやすくなるのです。

その後のタツオさん

半信半疑でメール対応ルールを適用し始めたタツオさん。

これまで残業時間帯に疲れ切った頭ですべてのメールに対応している頃よりも、メール処理のスピードは上がりました。定型文で返信することでさらに負担も減りました。

また、これまでは夕方が迫るにつれて「ああ、俺はみんなが帰った後も100件以上のメール対応が残っている」とうんざりしていたのですが、日中の隙間時間にメール対応できているため、残業時間帯に残ったメールの総数はなんと5件になりました。

それぞれの処理に10分間ずつかかったとしても、なんとか1時間の残業ですみそうです。

メールボックスを開いたときのうんざり感も減ったので、スマホをいじりながら先延ばししたくなることも減りました。

メール以外の他のタスクも小分けにしたことで、隙間時間をうまく活用できるようになりました。これまでは、上司の印鑑が必要なのに上司が電話に出ていて、待たなければならないといったちょっとした時間がうまく活用できていませんでしたが、「今だ！」とタツオさんは見積書作成のためにファイルを探して立ち上げます。それでも上司の電話が終わらないときには、見積書に記載するための金額を調べるために記録をたどります。ここで上司の電話が終わりました。タツオさんはサッと席を立って印鑑をもらいに行きました。自分の席に戻ると、先ほどの見積書作成の続きに取りかかれます。こんな要領で、他の部署から「ちょっといいですか」と呼ばれても、これまでよりも柔軟に嫌な顔をせずに対応できるようになりました。

タツオさんのうまくいったポイント

いつものルーティンこそ、改めて効率を見直し、手順のルール化を。

case 2

洗濯物をソファーに放置し続け、座りにくく、くつろげない

主婦レイカさん（30代女性）は昔から家事が嫌いです。

今は子ども3人と夫の分の大量の洗濯物を畳んで収納するのを先延ばししています。

いつも畳んでいない洗濯物でソファーが半分占領されていて、くつろげません。小学生の子どもたちはいつも洗濯物の山から靴下を発掘できず朝バタバタしています。お客さんのあるときには急いで片づけますが、その他のときは汚い家です。レイカさんは「このままでは子どもの教育上もよくないし、私もストレス」と思っているものの、日々先延ばしし続けています。

本当はソファーに思い切り足を伸ばして、くつろぎながら家族で映画を観たいのです。そのために購入した大きなテレビも、あれほどこだわって選んだ上等なソファーも台無しです。

レイカさんの先延ばしの原因

レイカさんは2つの先延ばしタイプに該当しそうです。

2 ギリギリスリル依存のチータータイプ

＋

4 なぜか焦れないコアラタイプ

レイカさんは、来客という締め切りがあれば、その直前にものすごい速さで洗濯物を畳んで片づけることができています。しかし、ポイントは、そのときも「ギリギリ」でやっていることです。このことから、締め切りがないとやる気が出ないタイプかつ、お尻に火がつかないと始められないタイプということになります。

また、「子どもの教育上よくないよなあ」と思いながらも、心のどこかで「いつかなんとかなるんじゃないかな」「だれかが解決してくれるんじゃないかな」といった淡い期待が見え隠れしています。この点から「なぜか焦れないコアラタイプ」にも分類してみました。

たしかに、洗濯物が畳まれずに積み上がったままでも、そんなに生活の支障は出ていないようです。

おまけに、レイカさんはご家族みんなが似たようなタイプでした。

だれも几帳面に「片づけようよ」とは言いませんでした。なので、ある意味居心地よく先延ばしできたのです。

もしも家族のひとりでも几帳面な人がいて、「もうこんな散らかった家はごめんだ！」と言い出したり、ひとりで片づけを始めたりしてくれていたらこんなに長期化しなかったかもしれません。しかし、ずっとこのまま先延ばしを続けていたら先延ばしだけでは済まない別の問題が生じていたでしょう。家庭内不和です。家を片づけられないというのは予想以上のストレスを与える要素で、散らかっていて落ち着かないレベルならまだしも、印鑑や預金通帳などの貴重品が出てこないレベル、健康を保つのに危険なレベルまで至る場合、かなりの頻度で揉めています。みんなイライラしてしまうし、生活の支障が甚《はなは》だしいからです。離婚に至る一因のようです。

さて、レイカさんはどうしたらいいのでしょう。

先延ばし克服のための対策

レイカさんとご家族みんなには、洗濯物畳みをやらざるを得ない状況を作り出すことが必要そうです。来客レベルに強烈な設定が……しかし、カウンセラーの私としては、もっと先にして欲しいことがあります。

それは、「**タスク自体の見直し**」です。

そもそもレイカさんのご家族にとって、洗濯物をそれぞれの引き出しにきれいに畳んでしまうことは果たしてゴールなのでしょうか？　それは持続可能なのでしょうか？

来客の際に慌てて畳んで片づけた後、見事にリバウンドしてきた歴史を鑑《かんが》みても、この一家にはもっと適切なゴールがありそうです。

世の中には、畳まずに洗濯機から服を取り出して着ている人もいるようです。畳まずにざっくりカゴ収納している人もいます。

どうしても畳みたければ、子どものお手伝いにしてはどうでしょう？

レイカさんは、「みんなで分担して自分のエリアまで洗濯物を持っていく。その後は各々《おのおの》好きな方法で収納する」というゴール設定をしました。
いい感じに家族みんなのタスクに移行できましたね。

必然性の設定

ゴールを見直したレイカさん一家。しかし、各自の洗濯物はソファーから無事に所定の位置に運ばれるのでしょうか。これまでの一家の歴史を見ると、確率は限りなく低そうです。しかし、一点これまでと異なる希望の点としては、「全員分の洗濯物を畳まなければならない」という所要時間の見積もりとうんざり感は、ずいぶん緩和されることです。「持っていくだけ」で、あとは自分で用意したかごに放り込んでおけばＯＫ！なら、ずいぶんハードルは下がりましたね。

とはいえ、ここは油断せずに必然性を設定しておきましょう。

おすすめは、現在の洗濯物の定位置であるソファーを見直すことです。

洗濯機からソファーに当然のように運ばれていた洗濯物を、脱衣所や廊下の床にバーッと散らかすのです。片づけたいと言っている人に対して、なんてことをさせるんだとお思いになられたかもしれませんが、これは私も使っている方法です。

ソファーという、使わなくても生活の回ってしまう場所に洗濯物を置くので、そこから移動させる必然性が失われてしまっているのです。

ソファーよりも、もっと邪魔になる場所に撒き散らすことで、家族のみんなが「邪魔だな！」と感じて、**片づける必要性**を痛感し、各自片づけるのを狙いにしているのです。洗濯物を跨《また》がないと使えない洗面所、つまずきに注意しないと歩けない廊下は嫌ですよね。

このように「みんなに困ってもらう」仕組みこそが、先延ばしを阻止するのです。もちろん、既に効果のあった来客という必然性を、定期的に繰り返すのもありです。定期的に客を招くのです。おじいちゃん、おばあちゃんを招くでもいいし、子どもの家庭教師を招くでもいいでしょう。

さて、この作戦は、レイカさん一家にはどう響くのでしょう。

その後のレイカさん

レイカさんは洗濯が終わると、早速大量の洗濯物をばーっと脱衣所の床に広げました。狭い脱衣所はあっという間に足の踏み場もなくなりました。

帰宅して手を洗おうとした長男が「じゃまー！」と叫びました。

レイカさんは3人の子どもたちのために脱衣所に3つのカゴを用意していました。

そして、自分のだけ拾ってここに放り込むだけでいいのだと教えたのです。

長男はまるで玉入れをするように楽しそうに靴下や下着をぽんぽん放り込みました。

楽しそうな声を聞きつけた次男と三男は洗面所にやってきて、真似しました。

レイカさんは上手だね！とすかさず褒めました。

「誰が一番に全部自分の服を入れられるか毎日競争しようか」

と促すと子どもたちは目をキラキラさせました。

一番になると、その日の3種類あるおやつの中から選ぶ順番が一番になるというご褒美を設定しました。レイカさん、人のことになると仕組みづくりが上手ですね。

さて、問題は大人たちです。

レイカさんの夫。

夫の帰りは遅いので、脱衣所にはいつまでも夫の洗濯物が散らかったままになります。これでは子どもたちのお風呂のときに邪魔になります。

夫に意見を聞いてみたところ、面白いアイデアが返ってきました。

「洗濯機を夜回すのはどう？」

レイカさんはこれまで朝回していましたが、そうすると家族が不在の時間帯に洗濯物が乾燥まで仕上がってしまい、脱衣所が散らかっている時間が長くなっていたのです。たしかにソファーは片づくけど、代わりに脱衣所が汚いのはちょっと違う気もしますね。

それで、夜回せば、遅くに帰宅した夫が洗濯機から洗濯物を取り出して、一番に片づける。朝起きたレイカさんや子どもたちがそれぞれ片づける。ということで、散らかった時間帯が夜のみになります。いいですね。

こうして、レイカさんは久しぶりに何も物がのっていないソファーを見ることができました。自慢のソファーに座ってみると、子どもがこう言いました。

「おかあさん、このソファーってこんなに気持ちいいんだね。知らなかった」

小さな足を伸ばしてごろごろ転がりながら楽しそうです。

レイカさんも満足です。

今思えば、レイカさんはソファーに積み上がった洗濯物の山が視界に入るたびに、それが自分がだらしない人間であるという証のような気がして気が重くなっていました。毎日じわじわと自尊心を削られていたのです。

そして「あのソファー、高かったのに」と罪悪感すら覚えていました。

床に撒き散らしたことでタスク自体への家族全員の意識が変わり、それぞれがそれぞれに片づけるようになりました。

これまではレイカさんはひとりで洗濯物の責任を背負い込んでいました。

その必要はなかったのです。

レイカさんのうまくいったポイント

先延ばし課題は、取り組む前に、一度疑いの目を向けて、適切な課題に調整しよう。

case 3

あとで片づけようと思いながらテーブルに書類の山が……

会社員マナさん（40代女性）は一人暮らしをしています。

SNSで見かける素敵なインテリアに憧れていて、自宅の改装方法を雑誌で研究したり、おしゃれな家具を見に行ったりするのも好きです。

しかし最近の生活は仕事に追われて、部屋は片づけられていません。

せっかく大金をはたいて購入した木のテーブルも隅っこにはダイレクトメールやチラシの束が重なっています。

マナさんはそれでも素敵なオブジェや花瓶を購入しておしゃれな部屋にしようと通販であれこれ購入しています。でも全くしっくりこないのです。代わりに、オブジェや花瓶が入っていた段ボールがゴミ箱の近くに溜まっていきます。

片づかない自分の部屋では落ち着かないので、結局休日はカフェやデパートを歩いています。このままでは外出ばかりで疲れるし、お金ももちません。

マナさんの先延ばしの原因

マナさんは次の先延ばしタイプに該当しそうです。

3
他のことに夢中になりがちな犬タイプ

マナさんが部屋を素敵でくつろげる場所にするためには、テーブルの上の書類を片づけたほうが近道なのは側から見ればわかります。しかし、オブジェや花瓶を購入し、皮肉にも段ボールが増えて、ますます処分すべきもので部屋が占領されました。オブジェや花瓶の購入が「他のどうでもいいこと」とは思いませんが、今マナさんが欲している結果は「素敵でくつろげる部屋」であることを考慮すると、その結果に到達する手段としては、効果的とは言えず、ふさわしくないようです。

さらに、金銭的な不安もあることから、オブジェや花瓶の購入でますますその不安が強くなってしまいました。これも逆効果でした。

先延ばし克服のための対策

みなさんには、マナさんがさっさとダイニングテーブルの端っこを占領している書類を片づければよさそうに見えるかもしれません。しかし、マナさんがオブジェや花瓶を購入するのには訳がありました。書類を片づけるよりも、オブジェや花瓶を選ぶ時間のほうが楽しいですし、指先ひとつでネットショッピングできるお手軽感もあったからです。そしてうまくいけばこれで部屋がものすごくおしゃれになるかも！という期待もありました。そうした期待に飛びつきたくなるほど、今のマナさんは疲弊して、やるべきことに立ち向かえなかったのです。

さて、この先延ばしの克服には、マナさん自身が「オブジェや花瓶の購入が私の願いを叶えるのか？」と自問自答することが大切です。他の人が助言するのではなく。先ほどから繰り返している、「この行動が欲しい結果を生み出すのか？　役立つのか？」という考え方を、心理学では**「機能分析」**と呼んでいます。

マナさんには早速、「私のこの行動は欲しい結果に役立っているのだろうか？」と考えてもらいました。マナさんは、休みの日にあるインテリアショップを訪れました。木の香りが漂っていて、なめらかな曲線が魅力の椅子、無駄のないシンプルなデザインのテーブル、どれもため息が出ました。マナさんの足が止まったのは、あるテレビボードの前でした。極めてシンプルな木のテレビボードで、そこにちょこんとランプが載っていました。夜にこんなランプを眺めていたら、どんなに心安らげることだろう。

「これは欲しいな。買いたいな」

理想のインテリアに出会えた気がしたマナさんでした。

しかしマナさんはここで自問してみたのです。

「私が今このテレビボードとランプを購入することは、欲しい結果に役立っているのだろうか？」

もっと言うと

「私はこれを買うと、家がくつろげるおしゃれな空間になるの？」

という質問を自分にぶつけたのです。

マナさんは想像しました。

「おそらく私はこのおしゃれなテレビボードの上にもダイレクトメールや、綿棒や、バッグやスマホを置いてしまうんだろう」

素敵なランプを台無しにする想像でした。

「私が欲しいのはもはや物じゃないんだ。物が引き立つ、何にもない空間なんだ」

こう気づいたとき、マナさんは自分に必要な行動がよくわかりました。

マナさんがこうもそのテレビボードに惹かれたのは、テレビボードの上に生活感のあるものが何にもなくて、たったひとつランプがあったからなのです。

こうして、マナさんは、書類の片づけはとても嫌だけど最も欲しい「おしゃれ空間」に近づくための最良の一手だと気づけました。

これでテーブルの上の書類の片づけへのモチベーションが上がりました。

「片づけが終わったら、記念に花を一輪買おう。この間買った花瓶にちょうどいい花を」

その後のマナさん

こうして、意を決してダイニングテーブルの端に山になっていたダイレクトメールを開封していったマナさん。なぜ自分にとってこれが怖かったか、少しずつわかってきました。

「支払いの期限切れになっているタスクが出てきたらどうしよう」

「手続きが必要なものが出てきてやっかいなタスクが増えたら面倒」

そんな恐れがあったのです。

でも開封しながら気づいたのは、「このまま放置してたら、もっとひどいことになってたな。今日開封してまだよかった」ということでした。

書類が片づくと、テーブルに何も物がない状態になりました。

これに気をよくしたマナさんは、続いて、買ったまま床に置いていたトイレットペーパーを収納庫におさめました。カーテンレールに引っかけておいた服もクローゼットにしまいました。床も窓も邪魔されなくなってすっきりしました。

気のせいか、部屋が明るく見えます。

マナさんは自分へのご褒美に近所の花屋さんに出かけました。一輪だけ購入し、花瓶に入れてみました。

「これよ、これだわ」

納得感があったようです。こうして憧れのおしゃれな部屋で休日を過ごす時間が増えたマナさんです。以前よりゆっくり家でくつろいで体を休めることができるようになりました。

マナさんのうまくいったポイント

自分が先延ばしタスクを避けるためにとっている行動が、本当に欲しい結果を生んでいるのか改めて分析してみよう（機能分析）。

4章

「時間はある」と油断して先延ばし

いつかしようと思いながらも気づけば……

最近は便利なアプリやサイトが増えました。映画が見放題になる月額制のサービスが初月無料だったり、便利なスライド作成サービスが最初の30日間無料だったりします。無料お試しに申し込むときには「うん、絶対無料期間中に解約するんだ。課金なんてしないぞ」と決意しているのに、時間が経つと、日々の雑用に流されて「あれ？　無料期間っていつまでだったかな？　調べないと、うっかり課金されちゃう」と気になりつつ、調べること自体先延ばしにして、結局数ヶ月課金してしまった……そんなことはありませんか？　この章では、こういう「いつかしなくちゃなあ」と思いながらも時期を逃して、ずるずる先延ばししてしまうタスクの克服法についてお伝えします。

この章ではずるずる先延ばし系のタスクに取り組む3事例をご紹介します。いずれも匿名で、複数のケースを組み合わせた架空の事例です。

case 4
夏休みの宿題をギリギリまで寝かせ最後で大変なことに

小学3年生の子どもを持つソラさん（30代男性）は、昔からギリギリ癖があります。娘もまた同じようにギリギリ癖のある子どもで、昨年の夏休みの宿題は最終日に家族総出で夜遅くまで取り組む始末でした。

なんとか今年こそ娘に計画立てを教えたいと思っています。

昨年を振り返ると、7月中は「くらげが出る前に海に行こう」と言いつつもいつのまにか時間がたち、8月に入れば「お盆に帰省するのが忙しいから、海に行けないね」などと言いながらいつかいいタイミングを待っていたら、結局海に行けなかったのです。同様に宿題も先延ばしして、最終日には泣きを見ました。

今年こそはやりたいことも宿題もやれるいい夏休みにするための計画立てを教えたいと思っています。しかしその計画立てをすること自体を先延ばしにしそうなソラさんです。

どうしたらいいでしょう。

ソラさんの先延ばしの原因

ソラさんは次の先延ばしタイプに該当しそうです。

6 「いつかいいタイミングで」のゾウタイプ

ソラさんは、自分自身が計画立てが苦手なので、娘に教えるのも正直苦手です。なので、いつやっても気乗りしない計画立てタスクであるにもかかわらず、うっかり「いつかやる気が出るのかも」と待ってしまうようです。そうしているうちに、子どもの学童の手配や帰省の準備、仕事などの日々に追われて、計画立てが終わっていないこと自体も忘れてしまうでしょう。

先延ばし克服のための対策

ソラさんのこれまでを見ていると、計画立てにやる気になる日などこないというの

よくある失敗例

行動計画書

何をするか	**夏休みの宿題の計画を立てる**
実行日	**7月21日(土)終わるまで**
どこで	**ダイニングテーブルで**
誰と	**娘と**
どこまで	**夏休みの宿題の計画すべて立つまで**
最初の10分でどこまで	**まず娘なりに立てさせる**
できたときのごほうび	**そもそも宿題はやって当たり前。ご褒美ってほどのことじゃない**
必ずしなくてはいけない状況設定	**宿題だからやらざるをえない**
障壁になりそうなことと対策	**特になし**

NG 休みの日の朝、起きる時間を一定にしていないため予定を立てにくい。**具体的な手順**を決めていないので所要時間も見積もれない

NG これまでさんざん失敗した場所を懲りずに選んでいる

NG 計画立て能力が低い我が子に見合わない高すぎる課題。失敗させるより**最初に大枠を教えて**小さな成功を積ませるほうがやる気は続く

NG あるから先延ばししたはずよ

NG ご褒美なしだとギリギリになった昨年の実績を無視している

が現実的な見通しでしょう。もともと好きでないタスクは、鮮度が落ちるとますます面倒になるものです。ソラさんは元来忘れっぽいので、なおさら「早くしなくちゃな」と覚えていようとするよりは、計画立ての実行日を決めてしまったほうが記憶の面においてもよさそうです。そして、すぐに娘や妻に「7月21日に計画立てしようね！」と**宣言してしまうことで、必然性を設定**しました。最初にソラさんが書いた行動計画書が117ページに書いたものです。

ツッコミどころの多い計画書でした。NGポイントを踏まえて、ソラさんに書き直してもらいました。いかがでしょう。一気に実現可能性が上がりました。

ソラさんは手順をかなり具体的に書いた上で所要時間を割り出しました。たった30分間で終わる作業なのに、なぜ今まで先延ばししていたのでしょう。きっとこれまでは計画立ての中身を解像度高く描けていなかったのです。だから「たいそうなことをしなければならない」と重く捉えすぎていたのかもしれません。

必然性の設定も娘さんを巻き込む形で、うまくできていますね。雨が降るだけでモチベーションが下がってしまう**自分の性質もよく理解**されています。

娘さんにとっても大好きなキッズココアが飲めて、宿題の計画が立ち、おまけに

添削したら
こうなった

行動計画書

▶何をするか	夏休みの宿題の計画を立てる
▶実行日	7月21日（土）11時00分〜11時30分
▶どこで	近くのカフェで
▶誰と	娘と
▶どこまで	夏休み期間中の予定をカレンダーに記入し、宿題一覧のそれぞれの所要時間を見積もる。宿題のできない日をブロックし、空白に宿題一覧から入れていく
▶最初の10分でどこまで	カフェに行く前に家で宿題のワークやプリントや自由研究見本を全部出して全体像を把握しリストを作る
▶できたときのごほうび	娘の好きなキッズココア。宿題だけでなくプールの計画も立つ
▶必ずしなくてはいけない状況設定	この計画を立てないと予約が必要なレジャープールに行く計画も立てられないんだよと言い聞かせておく
▶障壁になりそうなことと対策	当日雨が降ってお出かけがおっくうになる →タクシーでカフェに行く（元をとろうと絶対やる）

OK 場所スイッチ ここでならおしゃれな気持ちでテンション上がる!

OK 具体的な手順を決めたから所要時間がわかる

OK 具体的になったので必要な準備や忘れ物も減らせる

OK 過去の自分を思い出して現実的に想像する

OK 子どもが退屈して騒がない一瞬の時間で仕上げねばという切迫感

プールに行く計画がばっちり立ったのですから、よい体験になったようです。

その後のソラさん

夏休みが終わる頃、ソラさんの娘さんは言いました。

「今年の夏休みはほんとに楽しかった」

宿題もちゃんと終わっている様子の娘さんからこんな喜ばしい声が聞けて、ソラさんはたまらない気持ちになりました。自分の小学生の頃にはなかった計画性を娘が身につけてくれたのです。苦手なのにがんばった甲斐がありました。

次は親のソラさんの番です。娘に負けないように、ソラさんも計画的にやるべきことをこなしながらも、自分のやりたいことも実現していきたいなと意気込んでいます。

ソラさんのうまくいったポイント

苦手なタスクにやる気の出る日は永遠にこない。あきらめて日時を決めたら、宣言したり約束したりして引き返せない状況を作り出そう。

case 5

解約しなきゃと思いながらも、サブスクや有料会員を続けている

アスカさん（40代女性）は動画のサブスクを無料期間内に解約したかったのにそのまま放置して、もう見ないまま1年が過ぎようとしています。

オンラインヨガも解約しそびれているし、初年度無料だからと申し込んだクレジットカードも契約して早10年たちました。

今年こそは余計なサービスを解約したいと意気込んでいます。

しかし、こちらからアクションを起こさない限り、明確な締め切りもないことなので、そのまままずるずる先延ばしにしてしまっています。そしていつのまにか今年も年会費や月額料が引き落とされています……。

アスカさんの先延ばしの原因

アスカさんは次の先延ばしタイプに該当しそうです。

4-1

めんどくさがりで飽きっぽいナマケモノタイプ
＋
なぜか焦れないコアラタイプ

アスカさんも毎年年会費が引き落とされた明細書を目にするたびに思うのです。

「今年こそ解約しなくちゃ」

そして会員ページにログインしようとするのです。ここまではがんばったのです。

しかしログインのためのＩＤやパスワードを忘れてしまっているのです。適当に入れてみてもログインできず、一定の回数間違えてしまったのでロックされる始末。余計にややこしい手続きが必要になってしまいました。

ここまで手順が積み重なると、アスカさんは

「もう面倒だ。今は時間がないから、またにしよう」

とまた一年忘れて過ごします。いや、本当に忘れているわけではないのです。

「そろそろだよなあ。また年会費引き落とされちゃうよなあ」

とわかっていながらも、また1年近い猶予があると思うと、お尻に火がつかないのです。こうした具合で、「わかっちゃいるんだけど、焦れないよね」とどこか他人ごとのようで、半ば恒例の年会費引き落としに観念してしまい、いまいち困り感がないのです。

完全に**頭の中で「年会費」について考えるのを避けています。**そうです。認知的回避ですね。もしかしたらこうした無料期間を設けたサービス提供会社の思うツボかもしれませんね。

先延ばし克服のための対策

この年会費ずるずる地獄を抜け出すためには、アスカさんが認知的回避をやめて、現状に向き合うことが何より大切です。

まずはアスカさんには、10年分の無駄な年会費を計算してもらいました。

認知的回避を打ち破るために、**お金の計算で現実を直視**してもらうのです。

クレジットカード年会費1500円×10年、サブスク月額980円×8ヶ月、オンラインヨガ3000円×36ヶ月……。アスカさんは気が進まないどころか、恐怖すら感じましたが、今まで見て見ぬふりをしてきた事実と向き合うことにしました。恐ろしい額が消えていることに気づきました。

「ちょっと待って、私は日頃、自販機でジュースを買うのすらケチっておうちからお茶を持っていくタイプなのに……こんなに無駄なお金をドブに捨てていたなんて」

青ざめた様子のアスカさん。

もうこの瞬間を逃しては、あの複雑な手続きを突破するチャンスはないでしょう。すかさず、解約のための手順を調べて書き出してもらいました。

ＩＤやパスワードを忘れてしまった場合の方法を検索したり、お客様電話サービスの連絡先を検索したり、いつ電話するかを決めたりしました。もうこの時を逃すと2度と一人で向き合えない気がしたので、一気にすべて解約することにしたのです。

その後のアスカさん

アスカさんはその後郵送手続きなども加えると2週間ほどかけてすべてのサービスを解約できました。実質いくら得したかも大事でしたが、「すっきり」できたことは何よりの報酬だったと言います。

「なんでもっと早くがんばらなかったんだろう」

先延ばしを解決した人の多くがこう言います。

そうなのですよね。実際にかかる手続きもさることながら、真実に向き合う作業こそが怖くて、ひとりだと避けがちなのです。

ひとりで向き合うのがあまりにしんどい方は、友達でもご家族でも、信頼できて、決して説教しない相手に、「実はこの解約手続きしていないんだよね」と打ち明けてみてください。ひとりで向き合うより、ずいぶん心強いものです。もしかしたら心配して解約方法を一緒に調べてくれるかもしれません。誰でも自分のことより人のことのほうが処理にかかる負荷は少ないものなのです。自分のこととなると「これまで解約しなかった私ってバカバカバカ……」みたいな自責感が生じるため、なかなか進まないのですよね。


「私、当分無料お試しなんてしないわ」

そう言い切ったアスカさん。管理する情報は少ないほうがいいですね。

自分の性質を理解していれば、どのようなサービスを避けるべきかもわかるはずです。私も今月末で解約せねばいけないサービスが……忘れないようにスケジュール帳に解約日とＩＤ、パスワードを控えています。

アスカさんのうまくいったポイント

勇気を出して、自分の先延ばしが出した損失の計算をしてみよう。真実と向き合うことは怖いけど、唯一のスタート地点に立つこと。

case 6

資格試験の準備をもっと近くなってからと楽観視

会社から資格試験を受けるように言われているミナトさん（20代男性）。

「試験まであと半年もあるのかあ」と思うとやる気にならないし、今勉強しても暗記物は忘れてしまうかもしれないし、今は本業を覚えることで必死だし、プライベートも忙しいのです。

「今週末、ビジネス系ＹｏｕＴｕｂｅｒの講演会があるんだ。これを逃すと本物には会えないかもしれない」と思うと、いつでもできる資格試験の勉強は簡単に先延ばしされてしまいます。

思い起こせば、ミナトさんは昔から、試験前はいつも一夜漬けのギリギリタイプでした。今回もその作戦が使えるでしょうか。ですが、資格試験の範囲は学生時代の試験よりはるかに広くて、難しいのです。ミナトさんはちゃんと合格できるのでしょうか。

ミナトさんの先延ばしの原因

ミナトさんは次の先延ばしタイプに該当しそうです。

2 ギリギリスリル依存のチータータイプ

＋

3 他のことに夢中になりがちな犬タイプ

ミナトさんは典型的なギリギリを攻め込むタイプできた人のようです。

直前にやったほうが効果的な気がする、**擬似成功感**を捨てきれずにいるので、今回の資格試験に対しても「早めに始めてしまうと損するのではないか」「なんだかんだギリギリのほうがうまくいくだろう」と楽観視してしまっています。

また、その**楽観視**から、資格試験の勉強タスクへの優先順位が低くYouTuberの講演会が優先されてしまっています。ミナトさんがコツコツと資格試験の勉強を既に進めていて、気分転換に行くのならよいでしょう。しかし現実はそうではないところに危うさを覚えます。みなさんはいかがでしょうか？　「逃せないまたとないチャンス」ならば、なおさら、資格試験の勉強の計画を具体的に立てて「うん、このペースでやっていけば確実に合格が狙える」と確信できてからイベントに参加してもよいのではないでしょうか？

カウンセリングの場では、ミナトさんとは真逆の「あの仕事、ちゃんと期限までに間に合うだろうか」と考えると眠りが浅くなり、土日も楽しめないというお悩みが寄せられることが多いです。しかしこの場合も実はやることはミナトさんと一緒です。この方も、その仕事の計画立てをしないまま、「間に合うかな」と不安になっていることが多いのです。その仕事がどのようなタスクから成っていて、それぞれに何分ずつかかるのか。既存のタスクの隙間に、期限までにそれらのタスクを消化できる空き時間があるか。それらを把握した上で時間の使い方を確定させるのが計画立てです。この具体的な照合なしに「うん、間に合う」と思える場合は、何度も繰り返している仕事の場合に限ります。

さて、ミナトさんにはまず、自分の感覚が「楽観視」なのかどうかも含めて現状を正しく認識してもらうことが必要です。

先延ばし克服のための対策

ミナトさんには、資格試験の勉強をもっと細分化してもらいました。どんな科目があって、テキストはそれぞれ何ページずつあるのか？　1ページあたりミナトさんのペースでは何分かかるのか？　ミナトさんが資格試験当日までに勉強に使える時間は何時間あるのか？などを考えてもらうのです。

一連の作業を通して、資格試験までの計画が立つでしょう。

会社から帰宅後1日2時間ずつ勉強して、土日は合わせて4時間勉強したらいけそう！みたいな目処が立つのです。

ここで、試験日までに間に合う勉強計画が完成したとしたら、イベントに行く余裕は出てきます。ここでももう一度、ミナトさんは人生で大事にしたいもの（価値）は何かを自問してもいいでしょう。勉強から逃げたい一心でイベントに飛びついている可能性はないか確かめるためです。ミナトさんはその問いに答えました。

「これまでその場の思いつきで衝動的になんでも決めてきた。今回のＹｏｕＴｕｂｅｒの講演会でも、〝今回限り〟と思って優先順位を上げてしまったけど、自分の人生に必ずしも必要なものかどうかは全くわからない。今考えると、勉強という退屈なものから逃れたい言い訳だったのかもしれない」

すごい分析ですね。とはいえ、ミナトさんが計画通りに勉強をするとは思えません。ギリギリスリル依存のチータータイプだからです。ここで、ミナトさんには、資格試験の勉強をギリギリの時期になるまで待って開始することのメリットとデメリットを列挙してもらいました。

ギリギリのメリット・デメリット分析

ギリギリのメリット

- 勉強開始直前まで他のやりたいことができる
- 時間がないことで尋常でないやる気が起こって効率的に勉強できる

ギリギリのデメリット

- 初めての資格試験なので、実際勉強を進めてみないと所要時間の見積もりが正しいかはわからない。最悪間に合わないかもしれない
- 間に合わないと昇進が遅れるし、周囲からの評価が落ちる
- 試験に受からないと、イベントに参加した自分を後悔して責めそう

ミナトさんは書き出して初めて、自分が会社内で肩身の狭い思いをするかもしれない現実を認識しました。

「なかなかリスキーな行動を取ろうとしている」

危機感を持てたようです。

その後のミナトさん

ミナトさんはこれまで一瞬一瞬を計画性なく生きてきたので、周囲から見れば「脈絡のない人」とか「フラフラしている」という印象を持たれていたようです。

しかし、**自分が人生で大切にしたい価値**として「信頼」を挙げ、今取るべき行動がわかったと言います。

「思いつくまま行動していては、いくら時間があっても足りない。せっかく気づいた自分の価値に沿う行動を多く選び取っていけたらいいな」

ミナトさん、しっかりした発言ですね。

ミナトさんは生まれて初めて、計画的な勉強を開始しました。

ミナトさんのうまくいったポイント

ギリギリスリル依存のチータータイプの人こそ、綿密な計画を立てて、間に合うかどうか現実的に検討しよう。ついつい関係のないことをしたくなってしまうときには、自分が人生で大切にしたいものは何かを基準にして、するかしないか判断しよう（機能分析）。

5章

「わざわざ」が
おっくうで
先延ばし

わざわざだから面倒な、生活線上にないタスクたち

一般的に、新しい習慣を身につけるには、**既に定着している習慣とペア**にするといいと言われています。手を洗ったついでにうがいという新しい習慣を足す感じです。

それとは逆で、今の習慣とどう考えても結びつかないような、つまり日常生活の延長上にない行動はものすごくコストがかかって、身につきにくい行動ということになります。たとえば、日頃車生活をしている人にとって、地下鉄の改札近くにあるコインロッカーで通販の品物を受け取るサービスは全くありがたくないもので、わざわざ取りに行くのがおっくうです。同じように、全くネットを使う習慣のない人に、SNSの仕方を教えても、おっくうなだけで、瞬く間に手順を忘れてしまうでしょう。このように、私たちは日常の延長上にないタスクには腰が重くなり、先延ばししがちなのです。

この章では、このような「ついで」にできない、わざわざする必要のある面倒なタスクの克服法についてわざわざ系のタスクに取り組む3事例をご紹介していきます。いずれも匿名で、複数のケースを組み合わせた架空の事例です。

case 7

忙しさのあまり、痛みがあるのに歯医者を予約できない

歯医者に行く時間がないカヨさん（50代女性）は、仕事と親の介護に追われて、忙しい日々を送っています。実は数週間前から歯が痛んでいますが、「気のせい、気のせい」と様子を見てごまかし、歯医者に行っていません。

よく健康への意識が高い人は、「歯医者は2ヶ月に1度行くのがいい」などと言いますが、カヨさんは歯を中心にして、歯のために生きてるわけじゃないのです。

こんなに忙しいのに、どうやったら歯医者に行く時間なんて捻出できるのでしょう。しかも歯医者って1回で終わらず何度も通い続ける必要がありますよね。そんなの無理なので、「どうかこの痛みが気のせいでありますように。そのうち治りますように。虫歯なんかじゃありませんように」と祈って過ごす毎日です。

カヨさんの先延ばしの原因

カヨさんは次の先延ばしタイプに該当しそうです。

6 「いつかいいタイミングで」のゾウタイプ

＋

4 なぜか焦れないコアラタイプ

カヨさんは必死で歯医者に行かなくてすみますようにと祈っていましたね。

それでも歯が痛みどうにもならなくなったとしたら、今度はきっと「知らないうちに暇ができて、自然に歯医者に行くモチベーションの上がるタイミングがきますように」と祈り始めるのかもしれません。

いずれにしても、魔術的な独り言です。

既に痛みが生じているものの、生活できないほどでないため、それよりは仕事や親の介護を進めているほうが得が大きいという**目先の利益にしか注目できず**、歯を失うかもしれないなどといった**長期的な視点を持てない**ところが惜しい点です。

でも書いていて私自身も耳が痛い話です。

健康にまつわる行動の多くは、今すぐ行動をしたからといってすぐに何か劇的な変化が起こることが少ないのです。その割に、非日常的な動線で医療機関を訪れ、さんざん待たされ、お金も飛ぶのですから、やる気が起こせなくて当然かと思います。書いていて胸が痛みますが、こうした判断は**意思決定障害**として分類されてしまうのでしょう。

だからこそ、「健康維持のために辛いけどウォーキングしている人」「体のために栄養バランスのいい食事を準備できる人」「好き嫌いなく食べる人」「目先のお楽しみを我慢して早寝早起きができる人」などは、長期的な利益を見通せる素晴らしい判断力の持ち主と言えます。

先延ばし克服のための対策

忙しいカヨさんに短期的な利益の少ない「歯医者受診」という行動をとっていただくには、以下のふたつの作戦を決行してもらいました。

1 「いつかする！」は一生しない、だからいつ行くか決めてしまう作戦

カヨさんにはこう自問自答してもらいました。

「これまでそもそも私が歯医者に行きたいタイミングなんてあったかな？」

振り返ってみるとカヨさんは幼少期から歯医者が嫌いでした。

母親からも「歯医者に行きたくないんならちゃんと歯磨きしなさーい」と脅されていたほどです。おかげで、これまで虫歯は少ないほうでした。しかしよいのか悪いのか、このことでカヨさんはますます歯医者に行く機会を失い、歯医者に行くハードルが上がったのです。現に今のアパートに引っ越してきたのは5年前ですが、それ以来、かかりつけの歯医者がありません。評判のよい歯医者を探すことから始めなければならず、これもハードルを上げている一因なのです。

「そうだ。ほんとに私の人生は歯医者と縁遠かった。しかしいつのまにか世間では、2ヶ月か3ヶ月に一度定期的に歯医者を訪れてメンテナンスしたほうがいいなんて言われている……。これは放っておくと私は歯医者に永遠に行かないんだろうな」

そうわかると、〝そのうちに自然と歯医者へ行く気になる〟なんて希望的観測は捨て去るのが賢明なのだとわかりました。

しかし、ただでさえ忙しいカヨさんには、もっと歯医者に行くもっともな理由が必要でした。仕事や親の介護という重要な項目に匹敵するほどのメリットを歯医者は持っているのでしょうか？

そこで、次の作戦はこれです。

2 短期的かつ長期的なメリット・デメリット分析

カヨさんにとって、歯医者に行く当面のメリットは「この痛みを取り除いてくれる」です。これはおそらく行ったらすぐ解決してもらえそうです。しかし今のところ、痛みは断続的で、緊急度も低いのです。カヨさんはこのまま放置しかねません。

放置している間に虫歯が進んで、歯を失う人もいるという情報を入れたところで、カヨさんはこう言うでしょう。

「私はきっと例外よ。歯は昔から強いのよ。なんかのはずみで痛くなっただけ！」

自分に言い聞かせるように言うのです。

そこで、カヨさんには歯医者に行くメリットを中心に無理やり列挙してもらいます。うんと長期的な視点——つまりカヨさんが80歳や90歳になった頃のことまで想定してもらう必要があります。

カヨさんはそう言われるとひとつ夢があったことを思い出しました。

自分で言うのもなんですが、結構美食家のカヨさん。

「いつまでもステーキを頬張って赤ワインを楽しめる元気なおばあちゃんでいたい」

と思っていました。できればコース料理を堪能できる丈夫な胃腸や、それに合うワインを楽しめる肝臓も必要です。そして、肉を噛み切れる「歯」が大事なのです。

にっこり笑うおばあちゃんになったカヨさんを想像したとき、カヨさんは初めて歯の話題なのに楽しい気持ちになりました。これまで「歯」について考えるのは、歯科検診、歯の痛み、虫歯の治療……といつもネガティブな場面ばかりだったのです。

「そうだなあ。ステーキを楽しむ元気なおばあちゃんを目指すためにも歯医者と仲良くしておくか」

ちょっとだけ乗り気になれたようです。

その後のカヨさん

その後のカヨさんは、歯医者通院を将来への自己投資と捉え、仕事や親の通院付き添いと同じようにちゃんと予定として入れることにしました。

仕事や親も大切だけど、自分の体も大切にしなくては、長い人生を楽しめません。正直忙しいので、時間がもったいないなあと思いますが、その度に街を歩く元気で素敵な80代女性を見て**自分の理想のイメージを描きました**。

職場の人に勧められた歯医者を予約して、6年ぶりに受診することに成功したのです。

「もっと早く行けばよかった。面倒臭いけど、ちゃんと行けば、安心するんだな」

カヨさん、地味だけど大事な一歩を踏み出しました。

カヨさんのうまくいったポイント

健康に関する行動の中でも病院の受診は本当に憂鬱。自分がどんな未来を送りたいかイメージすることでポジティブな意味づけをしよう。

case 8

役所での書類手続きの時間を日中に作れず先延ばし

昔からめんどくさがりなマミさん（20代女性）は、実家の家族の都合で、住民票を送るように言われました。

しかし、正直、日中は仕事で市役所に行けません。わざわざそのために休みをとって行くのも面倒です。市役所の窓口はいつも混んでいますし、待たされる時間も嫌いです。また、住民票をとるのに必要な持参物もわかりません。

市のホームページをスマホで検索してみましたが、どこを見ればいいのかわかりづらくて、結局見つけられませんでした。

「これだから役所のホームページは！」とイライラしていると家族からは催促の電話がかかってきました。「わかってるって！　こっちも忙しいんだから」とついつい声を荒げてしまいました。

マミさんの先延ばしの原因

マミさんは次の先延ばしタイプに該当しそうです。

1
めんどくさがりで飽きっぽいナマケモノタイプ

マミさんは、とにかく生活動線上にない用事が入るのが面倒に感じる典型的なめんどくさがりタイプです。しかも住民票の発行手続きに何を持参すればいいか、だいたい何時間かかるかも読めないことで、ますますイライラしています。持参物がわからなければ、下手をすると住民票がもらえず出直すことになって時間が無駄になるかもしれないという結果の不確実性が、ますますやる気を削いでいるのです。

そしてタスクの所要時間が不明瞭である点も、「仕方ない、1時間で終わるなら我慢して出かけよう」などという覚悟を決めきれない一因でした。報酬が遅延するかもしれない課題であるとも言えるでしょう。

さて、こんなふうにイライラしているマミさんはどうすればいいでしょう。

よくある
失敗例

行動計画書

何をするか	市役所に住民票を取りに行く
実行日	11月2日（月）9時00分～終わるまで
どこで	市役所で
誰と	ひとりで
どこまで	住民票を受け取るまで
最初の10分でどこまで	窓口に行く？
できたときのごほうび	たいしたことじゃないし
必ずしなくてはいけない状況設定	家族に催促されているから急がないと！
障壁になりそうなことと対策	すごい待たされそうだし 持参物がわからないからいや

NG 混雑や待ち時間の読めなさが辛い

NG 朝起きるの苦手なのにがんばりすぎたし、週明けのこの時間って混みそう……

NG やることがあやふや

NG 本人確認書類のような物がないと、無駄足になるリスクあり。それがますますやる気を削いでいる。事前に調べて防ごう

先延ばし克服のための対策

マミさんには、住民票取得**タスクの全容を把握**するために、住民票に関する情報を集めてもらいました。わかりにくいホームページで探すのをやめて、電話をして持参物を確認しました。こうした問い合わせの電話の対応に慣れている方が丁寧に教えてくれたので（そんなにわかりにくいホームページなら多くの人が電話しているはず……）、マミさんは安心しました。ついでに電話口で「だいたい何曜日だと混んでないですか？何時間ぐらい見ておいたらいいですか？」と所要時間の目安についても尋ねることができました。これこそ、電話だからこそ聞き出せた情報ですね。

こうしてマミさんは**どの程度の負担で済むタスクなのかが把握**できました。「そっか、じゃあ、1時間ぐらいで済むのならがんばろう」と見通しを持つことができたのです。

住民票取得のハードルはずいぶん下がりましたが、それでも市役所に住民票のためだけに向かうのは確かに面白くないタスクでしょう。

さらにモチベーションを上げるために、市役所の近くに行くついでに済ませられる用事はないかと考えてみました。また、せっかくなので市役所に行ったからこそ得ら

添削したら
こうなった

行動計画書

▶何をするか	市役所に住民票を取りに行く
▶実行日	11月4日(水)14時00分〜15時00分
▶どこで	市役所の住民課で
▶誰と	ひとりで
▶どこまで	住民票を受け取るまで
▶最初の10分でどこまで	番号札をもらって並ぶ
▶できたときのごほうび	市役所の近くのケーキ店のレモンタルト
▶必ずしなくてはいけない状況設定	(必ずってほどではないけど)市役所に行ったついでに近くの郵便局でレターパックと切手を買って、通帳記帳を済ませようっと
▶障壁になりそうなことと対策	事前に電話すると、持参物についても教えてくれた

OK
事前に電話して混雑しない曜日や時間帯、所要時間の目安を聞けた

OK
事前に地図で探してでも近くのご褒美を設定してやる気UP

OK
手順がわかっていると、「じゃあ並んでいる間に読む本を持参しよう」など隙間時間が有効に使えるし、「だいたいこのぐらいで終わるのだな」と心構えができる

OK
自分の記憶力を過信しない

れるご褒美も探してみたのです。他の用事やご褒美と抱き合わせると多少モチベーションが上がるものです。

その後のマミさん

マミさんは市役所周辺の地図をネット検索しました。そういえば、以前SNSでチェックしておいた大好きなレモンタルトの専門店が近くにあったはずです。また、市役所の近くの郵便局で、切手とレターパックを購入し、記帳する用事も済ませることができそうです。休みの日にこれだけのことがこなせると、一気に先延ばしが片づき念願のレモンタルトまで食べられるのです。マミさんは最初はあんなに嫌だった住民票をとりに行く用事が、ついにはワクワクするタスクに変わったことに驚きました。

マミさんのうまくいったポイント

先延ばししたくなる気乗りしないタスクこそ、情報収集は抜かりなく行い、確実に最短時間で済ませる方法を考えよう。また、**ついで用事やご褒美と抱き合わせる**ことで「わざわざ」を減らして「ワクワク」を生み出そう。

case 9

スマホに写真を溜めっぱなしで新しいアプリも入れられない

会社員のユリさん（50代女性）はもう6年同じスマホを使っています。

写真フォルダには趣味の園芸の写真がたくさん入っていて、たびたび「容量がいっぱいです」と警告メッセージが出ます。

機種変更も検討していますが、写真やメールなどをうまく引き継げるかわからないし、そもそも必要な写真といらない写真があるので、すべてのデータをそのまま新しい機種に引き継ぐのも嫌だなあと思っています。

かといって写真を整理する時間はありません。

みんなどうやって管理しているのか謎です。

また……機種変更するにしても、どの機種にすべきかずっとネットで検索して調べていますが、なかなか決められません。いくら時間があっても足りません。

ユリさんの先延ばしの原因

ユリさんは次の先延ばしタイプに該当しそうです。

1 めんどくさがりで飽きっぽいナマケモノタイプ
＋
5 まとまった時間がとれず忙しいみつばちタイプ

ユリさんは撮影したらしっぱなしで、その都度写真を整理するのがめんどうなタイプです。大切に育てているバラが開花した日には、いい写真が撮れるまで、角度や距離を変えて納得いくまで何回も撮影するので、100枚を超える写真がスマホに追加されます。ですが、その中で納得いくものは2~3枚です。となると残りの97枚ほどは不要なのですが、ユリさんはそれを消すのを忘れてしまいます。そんなことより、納得のいった数枚の写真をSNSにアップロードするのに夢中なのです。

実際のところ、ユリさんは写真をいつ捨てるか、どのように整理して保存するかに関するルールを決めたことがありません。写真管理をどのようにしたらいいかわからないままひたすらスマホに保存しているのです。昔はカメラで撮影した写真を現像して、アルバムに貼っていましたが、同じように印刷してアルバムに貼ればいいのでしょうか。自宅のプリンターはほとんど使わないため、写真が綺麗に印刷できるかも謎です。こうした事情もあって、写真の行き場がなくなっているのです。

ユリさんはせめて不要な写真を消してスマホの容量を空けたいと思っています。先日は役所での手続きにもアプリが必要なことがわかりましたが、あまりにスマホの空き容量が足りなかったため、インストールすることができず、断念しました。

「いいかげん、このスマホをどうにかしないと」

と危機感を持ちましたが、かといってひとつずつ写真を見ながら不要なものを選んでいくのには膨大な時間がかかります。どうせなら「今日はスマホの写真を一気に処分する日」と称して、何時間も没頭してやってしまいたいのですが、そんなまとまった時間もありません。しかし、仮にスマホの写真整理のための時間が十分に確保されたとしても、あまりの多さに途中で飽きて投げ出してしまいそうな自分もいます。まさに写真整理は報酬遅延課題ですね。

いっそ、誰かにお願いしたいぐらいですが、自分以外の誰かでは、どれが大事な写真かの判断ができないため、そうもいかず困り果てているのです。

先延ばし克服のための対策

ユリさんには次のふたつの方法を試してもらいました。

まずは娘さんに写真管理の方法を尋ねてもらったのです。娘さんはこう言いました。

「お気に入りの写真はだいたい全部SNSにあげてるでしょ？　じゃあ、そこにデータ残ってるから、スマホのは全部消していいんじゃない？」

ユリさんはあっけない返事に驚きました。

「いやいやいやいやいや、他にも大事なのがあるかもしれないでしょう」

「たとえば？」

「お父さんとの写真とか」

「そっか。じゃあ、とりあえずSNSにあげてるのは花系？　ぱっと見て花っぽい画像だけ一覧でばーっと選んで消すといいんじゃない？」

ユリさんは納得でした。「いやいや、SNSにあげたやつは画質も落ちてるし」と言いたくなりましたが、よくよく考えたら、画質がいいところでそれをプリントアウトして飾るわけでもなかったこの10年。アルバムにする予定もありません。ただ時々眺めていられたらいいのです。娘の提案はかなり大胆なものではありましたが、ユリさんのように「ざっと解決したい」というタイプにはぴったりでした。

「さすが我が子だわ！　ありがとう！　それでいくわ」

ユリさんは踏ん切りがついたようです。

このように、他の人に意見を求めると、自分では気づかなかった視点をもらえるかもしれません。他人は、自分ほど自分の写真に執着がありませんから、案外客観的に合理的な方法を提案してくれるものなのです。こうして視野を広げてみると、よい方法にたどりつけるものです。

これまでの沈殿がこうして解決できれば、これから増えていく写真をどのように整理していくのかについてもルールを決めておくといいでしょう。

今回のように写真を溜め込んだ後に、いる・いらないを仕分けするのには相当なエネルギーを要します。ですから、溜め込んでまとめて整理するのではなく、写真を**撮ったらその都度少しずつ整理していく「その都度形式」**をおすすめします。これはラスボス級にまで蓄積する前に、小物のうちに手を打つという発想です。

ユリさんは毎日寝る前の日課として、その日に撮影した写真を整理することにしました。特に旅行、花の撮影をした日、友達と会ったときの写真は大量になりますから、「1年後も見返したい写真は残しておこう」「ひとつの行事に5枚まで」というルールに則り、削除するものを選んでいきました。

次にユリさんが取りかかったのは、ずっと進展していない新しいスマホの情報収集です。ユリさんは昔から自分の決断に自信がないタイプで、ぱっと決められないのです。なので、なるべく多くの情報を集めれば、決断の精度が増すのではないかと考えているのです。

しかし、スマホのメーカーのホームページだけでなく、口コミや価格で比較を始め出すとキリがなくなってしまいます。もう何十時間費やしたかわからないぐらい調べ続けていますし、情報の洪水の中、結局一番いい機種がどれかわからなくなってきました。

代わりに残ったのは肩こりと眼精疲労でした。

そこでユリさんには、**検索の方法をあらかじめ細かく決めて**それ以上やみくもに検索しないようにしてもらいました。具体的には、検索ワードをあらかじめ決めておいて、それでヒットしたサイトを広告を除き上位5件まで閲覧し、それ以上の情報をネットでは集めないこと。その情報を元にスマホに詳しい友人に聞いて、選ぶ際の参考にすること。すべての情報を集めることはできないと開きなおり、検索に費やす時間も尊い自分の資源であることを自覚してもらいました。まさに時は金なり、です。

ユリさんはこの方式にずいぶんモヤモヤして慣れない感覚をお持ちでしたが、「このモヤモヤに耐えたほうが、結果的に私は検索ばかりに時間を割いて疲労することを避けられるんだ。穏やかな気持ちでいられるんだ」と自分に言い聞かせました。当初は1度目より2度目、2度目より3度目のほうが、検索をやめるときのモヤモヤ感は増しました。しかし、それにも徐々に慣れていきました。

「他の人はこのぐらいでやめてるんだろうな。全部の情報がなくても、まあこのぐらいでいいかと決断するんだろうな。最安値の最良の機種ではないかもしれないけど、多少の誤差は人生で生じるよね。それよりはこればかりに時間を奪われないほうがバランスがいいよね」

自分に言い聞かせるようにブツブツ言っているユリさんです。

その後のユリさん

ユリさんのスマホには、やっと空き容量が生まれて、必要なアプリをインストールできました。写真フォルダには、お気に入りしか並んでいません。よく撮れた花の写真も探しやすくなったし、きれいな写真フォルダを見ると、すっきりとした気持ちが味わえるのです。

また、効率的な検索方法で次のスマホ機種を決めることができたユリさんは、他の日常的な決断も同じ方法で試してみました。たとえば、掃除機の買い替えの際の検索、友達の誕生日プレゼントの検索、旅行プランの検索などです。

こうしてみるとユリさんは毎日のように情報を検索することに時間を使いすぎていたようですが、検索方法を確定させ、制限することで早く決断できるようになりました。

そのおかげで、早く眠れるようになったのです。

ユリさんのうまくいったポイント

写真データのような日々増えていくものの管理はその都度形式でルールを決めて。情報を集める際にはキリがないので、件数を決めるなど制限して、「ある情報から最善の決断をする」妥協案に慣れていこう。

6章

「複雑で計画が必要」だから先延ばし

卒業論文レベルの難易度！

夏休みの宿題や試験勉強、そして大学で卒業論文を書いた人は、そのときのことを思い出してみてください。こうした作業量も多く、手順も多く、かつ長期間にわたるタスクは、ラスボス級の難易度の高いタスクです。これらは非常に先延ばしの対象になりやすいでしょう。

ここまでお読みになったみなさんなら、これらがなぜ先延ばしされやすいかおわかりでしょう。なかなか終わらないから報酬が遅延してやる気が維持できませんし、せっかくタスクを小分けに分解していたとしても隠れたステップを見逃していて、手順が後から増えることもあるからです。また完璧な計画を立てていても、こうも長期にわたるタスクでは、脱線しがちなのです。ここでは、最難関の量も多く手順も多い複雑さかつ長期間にわたるタスクの先延ばし克服法についてお伝えします。

この章ではラスボス級のタスクに取り組む3事例をご紹介します。いずれも匿名で、複数のケースを組み合わせた架空の事例です。

case 10

本腰を入れず企画書を作り、満足できるクオリティにならない

会社員のノゾミさん（30代男性）は、企画書作りが苦手です。

同僚たちが2時間ほどで仕上げているところを2週間から3週間、休みの日も頭を悩ませています。でも頭を悩ませているだけで、実際には取りかかっていない……先延ばしなのです。かといっていざ机に向かっても進まないのです。

ノゾミさんの先延ばしの原因

ノゾミさんは次の先延ばしタイプに該当しそうです。

6

「いつかいいタイミングで」のゾウタイプ

ノゾミさんは、「いつかアイデアが湧くかも！」という希望的観測のもと、パソコ

ンを開くのですが、だいたい何もアイデアが浮かばず手が動きません。パワーポイントのデザインを選んだり、フォントを選んだりと**周辺の作業ばかりしています。**

ノゾミさんのパターンはこうです。パソコンを開いて初めて「そうだ！　今回の企画、どんなふうにしようかなあ」と考え始めるのが常で、**その瞬間まで、一切企画の構想を練ろうとしていません。**クリエイティブなアイデアは、常にそのことを考えながら生活している最中にふと浮かんでくると言われていますが、ノゾミさんは、全く企画のことなど忘れて生活しています。ですから、面白いアイデアなど生み出せないのです。こんなふうに事前になんの構想もないため、企画書作成作業が全体でどのぐらい時間がかかるのかはさっぱり読めません。

「いつ終わるかわからないけど骨の折れる仕事になりそうだ。大変だ」

という予想はつくので、余計に取りかかりが辛くなっていたようです。

さらに、企画のアイデアが出てこなかったり、煮詰まったりするとノゾミさんは決まってスマホで情報収集を始めるのですが、ついでにメールをチェックしたり、他のネット記事を読み始めたりするなど**脱線が著しくなるようです。**気づけば2～3時間経過していることも多々あります。この「脱線」にもどうにかお手当をしなければな

よくある失敗例

行動計画書

何をするか	**企画書作成**
実行日	**7月6日（土）13時00分〜終わるまで**
どこで	**カフェで**
誰と	**ひとりで**
どこまで	**企画書完成まで**
最初の10分でどこまで	**目次を作成する**
できたときのごほうび	**お気に入りのスイーツを買う**
必ずしなくてはいけない状況設定	**上司に提出する期限が迫っている**
障壁になりそうなことと対策	**友人からの誘い**

NG 全体の構想がないので所要時間が読めない。「いつ終わるかわからないけど大変だ」だから余計取りかかりづらくなる

NG カプチーノの映え写真の撮影で力尽きて集中できずに過ごす

NG 実際はなんの構想もしていないので目次がすぐに浮かばず、「アイデアが固まらない」と言って、関連資料を探し続けてしまう

NG 過去の企画書を見返して時間を無駄にしているところに友達からの誘い。これは乗っちゃう

らなそうです。

先延ばし克服のための対策

ノゾミさんには、まず1時間あたりにこなす仕事量についての意識改革をしてもらいました。なんとなく「アイデアが降ってくるといいなあ」などの他力本願で、そのために時間をぼんやりと使っている様子が気になったのです。

ノゾミさんの月給と稼働時間から、**時給を算出してもらいました。**

「俺って時給4500円ももらってるんだ！」

改めて会社の負担を自覚しました。これまでのノゾミさんは企画書を2～3週間かけて作成していたわけですから、これはとんでもないコストがかかっているということになります。

「会社側としては、そりゃ企画書は1～2時間で仕上げてもらわないと割に合わないよな」

こうしてノゾミさんは、企画書作成に割くべき時間はかかっても2時間までであることを強く意識しました。ゴールが明確になれば、**2時間で間に合うような手順**を計

添削したら
こうなった

行動計画書

何をするか	企画書作成
実行日	7月6日（土）13時00分～14時00分
どこで	図書館で
誰と	ひとりで
どこまで	目次→図表作成→topic1→topic2→まとめ
最初の10分でどこまで	目次を作成する
できたときのごほうび	お気に入りのスイーツを買う
必ずしなくてはいけない状況設定	上司に提出する期限が迫っている
障壁になりそうなことと対策	友人からの誘い

OK
1時間あたりの自分の単価を決め、この企画書には1時間を費やすと計算する（凝りすぎないし、1時間で終わる手順を選ぶ）

OK
カフェの他のものに気を取られるぐらいなら図書館でもいい（好みによる）

OK
図書館まであえて歩いて行き、歩きながら全体の構想を組み立てて、席に着く頃には全体が見えているので企画書作成がたったの1時間で終了できた

OK
1時間で済むのだから友達からの誘いは終わった後のご褒美になる。断らない

画するステップです。失敗例の計画書では、前述した通り、パソコンを開くまでなんの構想も持たずにいたノゾミさんでしたが、添削後の計画書では、あえて図書館までの道のりを歩きながら企画についての構想を練るようにしました。この作戦は妙案でした。歩いているときには、強制的にネットができなくなりますから、ネットサーフィンに脱線することなく、構想がまとまったのです。さらに、デスクで座る時間を減らすことは、報酬が遅延しない仕組みを作ることにもつながりました。友人からの遊びの誘いも「何時間もかかるかもしれない、終わりの見えない企画書作り」の後ではなく、「1時間で終わらせた」後のご褒美として機能したのです。

その後のノゾミさん

「こんなに早く企画書ができたことはない！」

一番驚いたのはノゾミさんでした。

これまで構想を練るという名目でどれだけダラダラ脱線時間を過ごしていたかを思い知ったのです。いや、正確に言えばこれまでの自分は「ああ、企画書作らなくちゃなあ」とぼんやり思っていただけだったのです。

ノゾミさんは実はこれまで、0から1を生み出すような種類の仕事が苦手でした。何をとっかかりにして着想すればいいいかわからないし、時間をかけたからといって必ず成果の出るものではないからです。それで、ずっと先延ばししがちだったのです。

しかし、**しっかり構想の時間をとって集中**することで、案外すぐにアイデアが湧いた自分に感動しました。

ノゾミさんのうまくいったポイント

自分の時給を算出して、時間のコスト意識を持ち、タスクへの所要時間を先に決めよう。パソコンを開く前に構想をまとめることで脱線も減らせるし、ご褒美も早くもらえる仕組みが整う。

case 11

やらなきゃと思いながらも、貯金や投資ができていない

フリーランスのマコトさん（30代女性）は将来に不安を持っています。

貯金はいくらかあるけど、同年代と比較して多いのか少ないのかはわかりません。定期預金もしたことがありませんし、保険にも入っていません。

最近話題の投資も気になるものの、どうしたらいいのかさっぱりわかりません。株を売ったり買ったりする自信は全くありません。そもそも投資が自分に合っているのかもよくわかりません。自分なりにネット検索してみたけれど、情報の洪水に飲み込まれてしまい、どれを信じていいのかわからなくなりました。下手に誰かに相談するとよくない金融商品を売りつけられそうで怖いので、ただ一人で悩んでいます。

マコトさんの先延ばしの原因

マコトさんは次の先延ばしタイプに該当しそうです。

5―1

めんどくさがりで飽きっぽいナマケモノタイプ
＋
まとまった時間がとれず忙しいみつばちタイプ

金融知識のない人にとって、金銭管理は何から始めればいいかわからないし、どんな手順で全体でどのぐらい時間のかかることなのかわからないものです。

どんな方法で資金を準備するにしても、どのような人生を送りたいか、人生の何にお金をかけるかといった資金計画が必要になってくるでしょう。

金銭管理は、こんな自由度の高すぎるテーマとリンクする話なので、余計に決定が難しくなる複雑なタスクであるため、多くの人が先延ばししがちです。

さらには、「老後が不安！」という世の中の状況や、フリーランスのマコトさんにとっては「この先の収入の見込みについてなんの保証もない！」という不安定感もつきまとうので余計に話はややこしくなるのです。

先延ばし克服のための対策

マコトさんには次の方法を試してもらいました。

金融知識もほとんどなく、これからの人生もまだ定まっていないマコトさんがゼロから自分で資産運用や貯蓄の計画をしていくのが得策とは限りません。おそらく相当に勉強したり、人生を考えたりしている間に数ヶ月間はあっという間に経過してしまうでしょう。

その代わりに、マコトさんと**似たようなプロフィールの人**、つまりフリーランス仲間何人かに、「貯金ってしてる?」などと**尋ねてから見当をつける**とよさそうです。

こうして、なんとなく全体像を大まかに描くことができれば、情報の洪水に溺れていた人も「あ、最大のリスクはここか」「フリーランスとしてはここの備えは会社員より手厚く、か」「でも、○歳以降も働けることを考えると、ここはそんなに心配しなくてもいいのかな」などとポイントがわかってくるでしょう。

しかし、マコトさんは「お金の話をざっくばらんにできるかどうか」が心配でした。ため次のページのような行動計画書を作ってもらいました。

失敗例では、マコトさんの「こんな話切り出せるかな」という心配が前面に出た、

よくある失敗例

行動計画書

何をするか	他の人がどのように金銭管理しているかを聞く
実行日	今度その人に会ったとき
どこで	ランチのお店で
誰と	その友達と
どこまで	家計簿つけてる?とか聞く? 投資してる?具体的にどうするのとか聞く?
最初の10分でどこまで	こんな話切り出せるかな……
できたときのごほうび	ランチそのものがご褒美になる
必ずしなくてはいけない状況設定	老後のお金がなくて困るのは自分だ!がんばろう
障壁になりそうなことと対策	特になし

NG わざわざそのためだけに連絡とるのは違うかなあ、会ったついでに聞こうかなと思ってしまうので、先延ばしする

NG 一緒にランチでもしながら聞きたいなと思いつつ、忙しくてなかなか誘えない

NG 人に頼るのを遠慮してしまう性格のため、結局話を切り出せずにここまできた

NG 放っておいてもランチは食べる

NG 気合は伝わるがその義務感ではこれまで動けなかったでしょ

添削したら
こうなった

行動計画書

何をするか	他の人がどのように金銭管理しているかを聞く
実行日	7月5日(金)11時00分～13時00分
どこで	一緒に参加する研修会の昼休みに 4名でご飯に行くときに
誰と	フリーランス仲間3名に
どこまで	時間もないので概要だけ
最初の10分でどこまで	ランチの注文をして待つ間に「聞きにくいんだけどね、資産運用とか何かしてる?」と切り出す
できたときのごほうび	うどんチェーン店の季節の野菜かき揚げうどん990円
必ずしなくてはいけない状況設定	研修会の始まる前に「昼一緒に行こう」と声をかけておく 話の切り出し方は「実はさ、聞いてみたいことがあって」
障壁になりそうなことと対策	「えー、なんにもしてないよ」と言われる可能性。でもさすがに3名ともそういう回答ではないはず。仮に、みんな何もしていない場合には、一緒に情報収集しようと呼びかける

OK 既に決まっている予定に抱き合わせで聞くほうが確実に実行できる

OK あまり欲張りすぎるとせっかくのランチが台無しだし、迷惑もかかる

OK 具体的! おっ!という価格

OK 現実的な状況設定

OK 「実は」と切り出してしまえば、もう後戻りできない!

実現可能性の低い計画になってしまっています。

しかし、添削後は、「聞いてみたいことがあって」という切り出しのセリフも考えられていますし、あまり警戒されないように複数名で研修会の昼休みというシチュエーションを選んでいる点もハードルを下げることに役立っているようです。

さて、マコトさん、情報収集できたでしょうか。

その後のマコトさん

マコトさんはフリーランス仲間3名にお金のことを尋ねてみました。

仲間のうちのひとりからは、自分の知らないフリーランスならではの制度を教えてもらえました。またもうひとりは、資産運用が大好きで毎日スマホのアプリで株価をチェックするという上級者でした。その話を聞いていると、マコトさんは「自分には個別株を買って毎日のようにチェックするのは一喜一憂してしまいそうで無理だし、そもそも情勢を読むのが得意じゃないし」と思って選択肢から外すことにしました。

また、漠然と家計簿をつけないといけないんだろうなと思い込んでいたのですが、仲間からは「毎月ひとまず一定の額を貯めるか投資して、それで足りて生活が回っていくんなら、細かく家計簿までつけなくていいんじゃないか」と言われたのです。マコトさんはハッとしました。マコトさんは手段にばかり目がいっていて、金銭管理の目的を見失っていたのかもしれません。

「ほんとそれにつきるな。長期的な備えもあって、日々が回ればそれで目的達成じゃないか」

そう思えると、安心できたマコトさんです。

結局、マコトさんは国民年金基金への加入とインデックス投資を開始することに決めました。それぞれの自動引き落としの手続きは、不慣れでなかなか大変でしたが、TODOリストにして金融強化月間と割り切ってコツコツ手続きを進めました。

「これだけ面倒な手続きなら、解約するのものすごく面倒なはずだ。ずっと続けるってことだ」と言い聞かせて完了させました。

マコトさんはひとまず金銭面に関するタスクを完了させて、安心しています。

マコトさんのうまくいったポイント

似たプロフィールの人、数名をリサーチすることで、全体像を効率よくつかもう。

自動引き落としなど、一度仕組みを作れば、面倒くさがりの性質からわざわざ解約もしない。これを利用して仕組みで資産を守ろう。手段はたくさんあるが、目的を見失わないで。

case 12

一気にやらねばと気負ってしまい、結局大掃除できない

会社員ケンジさん（50代男性）は一人暮らしをしています。

実はもう3年も部屋の大掃除を先延ばしにしています。

「今年こそはやろう！」と思うのですが、年末はいつも忙しくて「まあ、何もこんな忙しくて寒いときにしなくても。いい季節になったらしよう」と思って先延ばしします。でもいざお正月を迎えると、やっぱり水回りぐらいはきれいにしておけばよかったかなあ、なんだか新しい年を迎えた気がしないなあと思って後悔しています。

ケンジさんの先延ばしの原因

ケンジさんは次の先延ばしタイプに該当しそうです。

5 まとまった時間がとれず忙しいみつばちタイプ

ケンジさんは大掃除を、何時間も要する大きなかたまりとして捉えているので、気が重くなっている可能性があります。**タスクの小分け不足**のため、隙間時間に掃除を少しずつ進めることができず、まとまった時間がとれるタイミングを待ちすぎて、結局年を越してしまっているようです。慌ただしい年末にまとまった時間など誰にもないものです。

先延ばし克服のための対策

ケンジさんには、大掃除という大きなタスクを小分けにしてもらいました。

大掃除は、**エリア別に**分けていくと簡単です。風呂場、洗面所、トイレ、台所の流し台、窓といった具合に分解します。これらを一気に掃除しようとすると何時間もか

よくある
失敗例

行動計画書

- 何をするか　**部屋の掃除**

NG　いくらなんでも広すぎる

- 実行日　**7月6日（土）11時00分～終わるまで**

- どこで　**自分の部屋**

- 誰と　**ひとりで**

NG　休みの日の朝はたいてい昼まで寝ているのにひとりでできる?

- どこまで　**全部終わるまで**

- 最初の10分でどこまで　**いるものといらないものを分ける**

- できたときのごほうび　**ビール**

- 必ずしなくてはいけない状況設定　**なし**

- 障壁になりそうなことと対策　**特になし**

NG　どこの? 何を? いる・いらないの基準は決めた? スペースはある? ゴミ袋はある? **無茶な計画**

NG　実は毎晩飲んでる。**ご褒美として機能しない**

かって骨の折れる仕事になりますが、この窓1枚だけ、お風呂場の鏡だけと限定すれば15分間ほどでできそうです。こうして小さな単位に分解したことで、ケンジさんは平日のベランダでちょっと涼むひとときや、土日にシャワーを浴びたついでなどの隙間時間で大掃除を少しずつ進めることができたのです。

175ページは、ケンジさんが最初に立てた行動計画です。場所や、どこまで行うか、最初の10分でどこまでするかといった計画が**全体的にふわっと**していますね。

しかし、添削後は、「靴1足」といった具体性や、「ゴミ捨てのついでに」といった**既にある習慣との抱き合わせで実行確率が上がっています。**ご褒美も弾んでいてやる気が出ますね。

その後のケンジさん

「やっぱり部屋が片づくと気持ちがいい」とケンジさん。

こんなふうに計画を立てて、ちょこちょここなしていくと、何時間も大掃除に費やさなくても完了することがわかって自信になりました。

ですが、ケンジさんは翌年も同じように大掃除を小分けにして進めていくかについ

添削したらこうなった

行動計画書

何をするか	靴を1足だけ捨てる
実行日	7月6日（土）19時00分～19時05分
どこで	玄関で
誰と	ひとりで
どこまで	ゴミ捨てのついでに靴箱を開けて、捨てる靴を選んで一緒に捨てる
最初の10分でどこまで	いるものといらないものを決める基準に関するYouTubeを見る
できたときのごほうび	新発売のちょっといい生ビール缶 5足捨てたらビアガーデン！
必ずしなくてはいけない状況設定	45リットルのゴミ袋（有料）はいつもちょっと隙間があく。どうせならついでに満杯にして捨てないともったいない。
障壁になりそうなことと対策	ゴミ捨てのときにうっかり忘れる →今タイマーかける

OK 個数で小分け

OK ルーティンとペアにすれば継続しやすい

OK 意思決定のために基準を決めるのを最初の1歩目にしているのがいい感じ。ちょろい1歩が大事

OK 自分の記憶力を過信しない

OK いつもよりもちょっと贅沢に

ては迷いがありました。というのも一年分の汚れを溜めてから、よいこらしょと重い腰を上げる構造そのものがやはりきついなと思ったのです。そこで大掃除ではなく普段からの掃除を見直しました。ケンジさんにはたとえば、シャワーを浴びたら最後に軽く掃除する、トイレを使ったらその都度掃除するといった、**「その都度掃除形式」**を試してもらいました。

特に水回りの汚れは溜めるとなかなかやっかいであることが身に沁みたケンジさんは、この方式がすっかり気に入りました。

ケンジさんのうまくいったポイント

大掃除をエリアに分けて、小さな仕事に分解してから少しずつ進めよう。重い腰を上げるのが憂鬱な人は、その都度形式に変えてみよう。

7章

「他人がからむ」から先延ばし

仕事自体は大したことじゃないけれど……

相手に迷惑をかけたくないし、嫌われたくない、苦手な相手だから先延ばし……。みなさんは気軽に人に頼ることができるタイプですか？　相手の機嫌がものすごく気になるタイプですか？　どうしても苦手な人っていますか？　……こうした他人がからむタスクになると急に気が重くなり、先延ばししてしまうことはないでしょうか。

「あの部長ほんとに細かいんだよなあ。こんな書類見せたら、重箱の隅をつつくような指摘が100個じゃ収まらないな。いやだなあ」と何日も自分のところで書類を寝かせてしまったりしていませんか。この章では、こういう他人がからむがゆえに先延ばししてしまうタスクの克服法についてお伝えします。

この章では他人がらみ系のタスクに取り組む3事例をご紹介します。いずれも匿名で、複数のケースを組み合わせた架空の事例です。

case 13

人へのお願いごとが苦手で遠慮しているうちに時間が過ぎる

ミカさん（30代女性）は小学生の子どもがふたりいる母親です。

子ども会の行事担当係になりましたが、仕事の詳細な手順がよくわかりません。

前年度の役員に聞きたいけど、その人は引っ越してしまっていて、聞きづらいし遠慮してしまいます。

引き継いだ膨大な量のこれまでの行事が記録されているノートをひとつずつ読み返せばわかるのかもしれませんが、かなり時間がかかりそうです。

「ちゃんと自分で調べもせずに聞いたら迷惑かな」

そう思いながらも、ミカさんは夜な夜な現実逃避するかのように動画を見ています。こうしてついつい行事担当係の仕事を先延ばししていたら、その行事に使うバスの手配が間に合うかどうか？という時期になってしまいました。

ミカさんはどうしたらいいでしょう。

ミカさんの先延ばしの原因

ミカさんは次の先延ばしタイプに該当しそうです。

3
他のことに夢中になりがちな犬タイプ

ミカさんは小さい頃から心優しい子どもで、自分よりも人を優先してしまうほど相手の気持ちにいつも気を遣っていました。悲しそうな友達がいると、まるで自分も辛い目にあったような気持ちになって、話を聞いてあげていました。共感性が豊かなタイプなのです。

そんなミカさんは、次第に誰からも頼られるようになりましたし、ミカさんもそれが嬉しいタイプです。しかし反対にミカさん自身が誰かを頼ることはあまりなかったと言います。

「だって、相手に負担をかけたくないし。悪いでしょう」

と遠慮してしまうのです。

この豊かな共感性や他者への配慮が、今回のような「ちょっとした頼みごと」への

ハードルを高くしてしまったようです。結果だけ見れば、「ミカさんは行事担当の仕事をサボっている」という事態になってしまっているのが、残念です。

こうした事態であるにもかかわらず、ミカさんは動画を見続けています。

おそらく「行事係の仕事しなくちゃな。でも前の役員の方に連絡するの悪いな」という葛藤から目を逸らしたくて、**動画に現実逃避**しているのです。

優しいミカさんが汚名を着せられているだけでなく、このままバスが手配できない場合、行事を楽しみにしていた子どもたちが悲しい思いをしてしまいます。

先延ばし克服のための対策

ミカさんには、次の作戦を試してもらいました。

ひとつめの作戦はこれです。

「**立場を入れ替えて考えてみる**」というものです。

これはミカさんのような、二重基準を持った人に有効です。

どういうことでしょう? ミカさんは、人に対しては非常に共感的で優しい視点を持っていて、相手に多少の落ち度があろうと大目に見ることができますし、事情を察して寄り添おうとします。かなり優しい基準で見ることができています。

しかし、自分のこととなると「ちゃんと引き継ぎノートの隅から隅まで目を通すべきだ。人に迷惑をかけるべきではない。役員の仕事をちゃんとやったらどうだ」と厳しい基準を向けています。

自分と他人とで、基準に明らかな違いがあることに気づかれませんか。

これこそ二重基準です。

この基準は、本来はひとつのほうがいいのです。他人に向けるような優しい基準を自分にも向けられたほうがいいのです。「それでは甘えてしまう」「向上心を失ってしまう」などと心配したり喝を入れたりする声が聞こえてきそうですが、そうではありません。私たちは他人ごとには「優しい基準」と言いながらも、けっこう他人ごととして無責任な一面も持っています。自分ごとがなんだかんだ一番大事で、気が抜けないのです。なのでどうしても厳しい目で見て、高い基準を課しがちです。

でも自分が自分を見るときには、近すぎて視野は狭くなりがちです。客観性を失うのです。そのため、**他人に向けるぐらいの距離感のほうが客観的でほどよい基準**で見ることができるのだそうです。

となれば、ミカさんは、せっかく他人に対してなら優しく客観的な基準を持っているのですから、それを自分に対しても向けてみるとよいでしょう。具体的には、「自分が相手の立場ならどう思うだろうか?」と考えてみるのです。

ミカさんがもし、前年度まで子ども会の役員をしていて、引っ越したとしたら。それで新年度役員をすることになった方から、「この仕事がよくわからない」と問い合わせを受けたとしたら、どう思うでしょうか? 想像してみました。共感性豊かなミカさんは即座に言いました。

「連絡くれてありがとう。役員の仕事ってわかりづらいですよね。私でよかったら喜んで教えますよ。わかりにくい引き継ぎノートでごめんなさいね」

ほとんど反射的に出てきた言葉でした。ミカさんにとっては自然な応答なのです。

そこまで想像して、ハッとしたミカさん。

「そうか。相手だってこんなふうに考えるかもしれないってことね。私が遠慮しすぎていたのかもしれない」

そう考えると、少しだけ前年度の役員に連絡をとるハードルが下がってきました。

ふたつ目の作戦では、とは言えまだぐらついているミカさんの背中をぐいっと押します。連絡をせざるを得ない状況を作ってしまう、少々強引な方法です。

名づけて「**スタンプだけＬＩＮＥ作戦**」です。

これまでの人生においてずっと人に頼みごとをしてこなかったミカさんにとって、勢いでもつけないと乗り越えられない連絡なのです。だから先にスタンプだけを送ってしまえば、すぐに何かフォローする文章を送らざるを得ません。慌てて推敲もしないまま文章を追加で送るはずです。たとえば、「あ！　急にすみません。間違えてスタンプを送ってしまいました。私は今年度の行事担当をしているミカと申します。実はちょっと教えていただきたいことがありまして……」。こんな感じでしょうか。

その後のミカさん

前年度の役員さんからはこんなお返事でした。

「聞いてくれてよかった！　レクの保険のことを伝え忘れてたかもって心配していたのよ」

そうです。ミカさんが連絡したことで、思わぬいいこともあって、相手としても助かったというのです。ミカさんはほっとしました。

「人に尋ねるのはほんとに苦手だったけど、もっと早く遠慮せず聞くべきだった」

ミカさんはこんなふうに多少強引な手も使いましたが、無事に今回の行事に必要な動きがわかりました。バスの手配もなんとか間に合いました。

ミカさんのうまくいったポイント

自分と他人とで違う基準を持っている場合は、立場を入れ替えて眺めてみると、客観的な見方ができてどう捉えるべきかがわかる。また、お願いや質問のメールを送ることに抵抗がある場合には、先に空メールやスタンプだけのＬＩＮＥを送ってしまおう。

case 14 気が重い内容を苦手な電話で伝えるのが憂鬱

会社員のタケルさん（30代男性）は電話が苦手です。

特に、悪い報告の電話ほど先延ばししてしまいます。

先日も、取り引き先に納期の遅れを伝えなければなりませんでしたが、相手がわりと気性の激しい人なのでタケルさんは電話口で怒鳴られるのではと考えて怖くなり、もう1週間も電話をかけるのを放置しています。

そうこうしているうちに、なんと明日が納期予定日になってしまいました。このままだと明日はクレームの電話がかかってきます。タケルさんは「どうして先延ばししてしまったのだろう」と後悔しています。

タケルさんの先延ばしの原因

タケルさんは次の先延ばしタイプに該当しそうです。

6

「いつかいいタイミングで」のゾウタイプ

タケルさんは、頭では「悪い報告ほど早めがいい」という鉄則があることを知っているにもかかわらず、「もう少しいいタイミングで電話しよう」「たぶん今じゃない」と謎のタイミングをはかってしまう癖があるようです。

きっとタケルさんは気性の激しい取り引き先の担当者が怖いので、「いいタイミングさえあれば、少しでもマシな結果になるのではないか？」などといった魔術的な願望を抱くことで、自分の不安を抑え込もうとしているのでしょう。

しかし、現実は反対です。

その場で電話しなかった結果、「納期が遅れるってもっと早くわからなかったのか？」「どうしてこんな直前に伝えるんだ？」などと言われるリスクが高まり、事態は悪化していっているのです。タケルさんの不安はますます強くなります。

結果、取り引き先からもっと怖い反応がくるのではないかと考えてますます先延ばしをすることになります。こうした**不安を避けた結果ますます不安が強くなる**現象は、不安症の治療理論でも明らかにされています。

先延ばし克服のための対策

タケルさんには、**曝露**《ばくろ》という方法を試してもらいました。

これは心理学の中でも不安症の治療で用いられるひとつの手法です。

不安は避ければ避けるほど大きくなりますが、覚悟を決めて直面してしまえば、徐々に不安が下がっていくこともわかっているのです。
この直面する作業を「曝露」と言います。

よく学生時代にティッシュ配りのバイトをした人が、何百人という人に声をかけ、無視されたり、嫌がられたりする中で、だんだん拒否に対していちいち傷つかずに慣れてくるという話を聞いたことはありませんか？ あれもそうです。もしこの人が「世間というのは厳しい怖いところなんだ」と思い込んだまま、知り合い以外と口をきかない人生を歩んでいたら、もっと警戒心が強くなっていたかもしれません。

こんなふうに、いざ曝露されてみれば、予想よりは大丈夫だったとか、慣れてきたということが世の中には多くあります。

タケルさんの直面している「取り引き先の担当者から声を荒げられそう」という怖い気持ちはわかりますが、同じような立場で働いている先輩方からすれば「いやいや、そういうものだよ。それも含めて仕事だよ」という感覚かもしれません。

タケルさんも先延ばしして怖がるよりは、曝露を試みて、これ以上事態が悪化する前に真摯に対応したほうがいいのです。

とはいえ、理屈上、曝露が有効であることがわかったとしても、タケルさんは思い切れません。そこで、まずは**すぐ報告するVS報告を先延ばしするという2つのシナリオを最後まで考えてもらいました。**

「すぐに納期が遅れますって報告していたら……まあそれでもあの担当者は絶対何か不満を言って、じゃあ価格をどうにかしてくれよとかいろいろ注文つけてきそう。そういうところがまた嫌なんだよなあ。それで自分が上司にそれを相談したら、上司からは〝そのぐらいのこと自分でうまくまとめられないのか〟って怒られて……で、もしも、報告を先延ばしして、今みたいに納期予定日の前日になって電話したとしたら、間違いなく電話口で怒鳴られて、直接謝りに来いって言われるかな。いや、おまえだけでなく上司も連れてこいって言われそう。ああ憂鬱だ……」

タケルさん、どちらのシナリオも辛そうです。

ただ、後者がもっと悲惨であることは自覚できました。どちらに転んでも散々なふたつのシナリオを前にすると、どちらも選びたくなくなりますよね。先延ばししたくなる気持ちもわかります。

「今考えると、納期が遅れるってわかった時点ですぐ電話したほうがまだマシだったなあ……タイムスリップして電話したい……」

この記憶を次の機会まで覚えておいて欲しいのですが。

次に、これからタケルさんが取り引き先に電話するとして、その後の相手の反応について、**コントロールできる部分とできない部分を区別**してもらいました。

つまり、相手が電話口で声を荒げて怒鳴り始めて、上司を連れて直接会社まで謝りに来いという状況に対して、今のタケルさんが何かできることはあるだろうか？と考えるのです。

「自分にできることは……下手に言い訳せずに、なぜ納期に遅れることになったのかを説明して、判明してすぐに連絡しなかった自分の落ち度について謝罪するしかないですね」

そうなのです。相手の反応を制御することに関して、タケルさんにできることはかなり限られているのです。ということは、自分ができる範囲のことを精一杯するしか選択肢はないのです。

最後に、電話をせざるを得ない状況を作り上げることにしました。必然性の設定ですね。

タケルさんは同僚にお願いして、取り引き先の電話番号を押してもらいました。こうでもしないと「またあとで」「あと5分してから」とさらに先延ばししそうだったからです。

さて、タケルさんはどうなったでしょうか。

その後のタケルさん

タケルさんの予想通り、取り引き先の担当者はカンカンに怒りましたし、上司を連れて謝りに来いと言われました。上司からも「まだ連絡してなかったのか」と説教されました。

すべて自分が招いたことです。

タケルさんはひたすら謝罪し、深く反省しました。

しかし不思議と「ああ、取り引き先に電話しなくちゃ、やばいことになる」とどぎまぎしていた数週間よりはマシでした。今回の経験はみんなに迷惑をかけてしまう辛い経験でしたが、ひとりで「電話しなくちゃ、でもしていない。どうなるか怖い」と秘密を抱えてビクビクしていた頃を思うと、膿《うみ》が出きった感じがしたのです。

タケルさんは大事なことを経験から学びました。

言葉にすると月並みですが、やはり悪い報告ほど急ぐべきだということです。そして不安は避ければ避けるほど膨れ上がること、曝露するのが一番正当な解決なのだということも体感できました。

タケルさんはこうして、前より先延ばしが減っていきました。

タケルさんのうまくいったポイント

自分が先延ばししたくなったときには、先延ばしするVSすぐやるの2つのシナリオを描いてどちらを選択するかをシミュレーションしよう。怖くて先延ばししたくなるときは、未来のイメージの中で自分がコントロールできる部分を見つけてそれに集中しよう。

case 15

相性が悪い相手への確認書類、やる気が出ずに先延ばし

会社員ユウトさん（20代男性）は報告書の作成を先延ばししています。

というのもその報告書を共同で書かねばならない上司との相性が悪いからです。上司の指示はいつも曖昧で、わかりにくいのです。

言われた通りにやっているつもりでも、後からいつも「そんなこと指示してない」「全然違う」などと言われるのです。

こんなことを繰り返しているので、その上司がからむ仕事はやる気が出ず先延ばししてしまいます。締め切りは迫っているけど、もうどうにでもなれという気さえしてくるのです。

ユウトさんの先延ばしの原因

ユウトさんは次の先延ばしタイプに該当しそうです。

4 なぜか焦れないコアラタイプ

ユウトさんは実際のところ、報告書にどのような項目を盛り込むか（構成案）を自分では全く考えていません。いわゆる上司の指示待ちタイプなのです。

しかも上司が別件で抜けてしまうこともあり、ユウトさんはなかなか上司をつかまえられず、指示がもらえないため、待ち時間が発生することもしばしばです。

上司の指示はいつも曖昧で、その指示をただただ受け身で聞いているユウトさんは、いざパソコンを開いて報告書を書くときになって初めて「あれ？　結局具体的にはどう書くのだったかな」と手が止まってしまいます。

ですから、上司だけでなくユウトさんの受け身の姿勢にも問題があり、この両者の組み合わせもよくないと言えます。

先延ばし克服のための対策

ユウトさんには報告書作成のための行動計画書を作ってもらいました。よくある失

よくある失敗例

行動計画書

▶何をするか	業務の報告書作成
▶実行日	7月14日（水）19時00分～終わるまで
▶どこで	会社のデスクで
▶誰と	上司と一緒に
▶どこまで	最終報告書を完成まで
▶最初の10分でどこまで	構成案をまとめる
▶できたときのごほうび	昼休みに近くのイタリアンでジェノベーゼ
▶必ずしなくてはいけない状況設定	重要な会議が翌日
▶障壁になりそうなことと対策	上司の指示が曖昧

NG 上司の指示は曖昧で、かつ自分は詳細を確かめる質問もせずにフリーズしてただ指示に従うだけという最悪な関係

NG 実際のところ、構成案を自分では全く考えていないので、上司の指示待ち。しかも上司が別件で抜けてしまい、待ち時間発生

NG 自分では何も考えていないので、指示が曖昧で報告書にまとめるには具体性に欠けることに気づかない。だから着手して初めてわからなくなる

NG なぜ前日まで放っておいたか、残業時間帯からのスタートはありえない

添削したら
こうなった

行動計画書

▶ 何をするか	業務の報告書作成
▶ 実行日	7月12日(月)9時00分〜9時30分
▶ どこで	会社のデスクで
▶ 誰と	上司にも聞くが自分で提案
▶ どこまで	上司の指示をもとにラフ原稿を作成して、再び上司に確認するまで
▶ 最初の10分でどこまで	構成案をまとめ、上司の指示を受けて曖昧なところを質問したり、似たような具体物を見せて完成予想図のすり合わせをする
▶ できたときのごほうび	昼休みに近くのイタリアンでジェノベーゼ
▶ 必ずしなくてはいけない状況設定	重要な会議が近い
▶ 障壁になりそうなことと対策	上司の指示が曖昧

OK
頭のよく働く時間帯に開始。かつ、指示を明確化してラフ原稿作成の後にいったん確認してから最終原稿という2段階の手順を用意することに。ひとまずラフを作成して上司に投げるところまで

OK
最初の10分が勝負。ここで完成予想図をしっかり作る

OK
上司の指示を受ける前に、自分なりに構想しておくことで、指示内容をイメージしやすくなり、その場で質問できる

敗例は、これまでのユウトさんのパターンをまとめたものです。

添削の結果、報告書を作成する時間はこれまでは残業時間帯になることが多かったのですが、頭のよく働く時間帯に設定することにしました。

また、ユウトさんの受け身の姿勢を改善すべく、上司の指示を受ける前に、自分なりに報告書の全体像について構想してもらうことにしました。その結果、上司の指示内容をイメージしやすくなり、曖昧でわかりにくくても、「それって○○ということでしょうか？　それともこの項目の△△に該当することでしょうか」などとその場で具体的に質問できるようになったのです。

全体の作業工程も見直しました。上司からの指示を受けた後に、ラフ原稿を作成し、この段階でいったん上司に確認してもらってから、最終原稿を仕上げていくという2段階の手順を用意したのです。このことで、全部完成してから上司の指摘を受けてすべてひっくり返されてしまうという事態を防ぐことができるようになったのです。

その後のユウトさん

これまでは報告書作成が辛いのを、上司の曖昧な指示のせいにしてばかりでしたが、自分の仕事の仕方も見直したユウトさん。

今も、ついつい油断すると受け身の指示待ちタイプになりがちではありますが、ここぞというときには、事前に構想を組み立て人の話を聞くようにしました。曖昧でよくブレる上司の指示にも振り回されなくなりました。

一人で進める作業でも、最初の10分間で全体構想をまとめる習慣をつけてからは、全体のうちどの部分をしているのかがわかるようになって、迷わず安心感を持って仕事を進められるようになりました。

ユウトさんのうまくいったポイント

曖昧でまとまらない指示を出す相手との仕事では、こちらが構造をあらかじめ作って、具体的に質問をぶつけて明確化していこう。


さて、いかがでしたか？

15人分の話をお読みいただいたので、おなかいっぱいかもしれません。

少しでもみなさんの先延ばしの状況と似ているものがあればと思います。

15人のうち半分ほどの人が1つの先延ばしタイプに当てはまっていなかったことも印象的でしたね。振り返ってみますと、6タイプの中で①めんどくさがりで飽きっぽいナマケモノタイプと⑤まとまった時間がとれず忙しいみつばちタイプが多かったようです。

①めんどくさがりで飽きっぽいナマケモノタイプ
②ギリギリスリル依存のチータータイプ
③他のことに夢中になりがちな犬タイプ
④なぜか焦れないコアラタイプ
⑤まとまった時間がとれず忙しいみつばちタイプ
⑥いつかいいタイミングでのゾウタイプ

この傾向は実際のカウンセリングでも多いです。時に「忙しい」とみなさん口にされますし、実際にスケジュールをうかがうと仕事もプライベートも本当にぎゅうぎゅうの人がたくさんいます。

でもよくよく聞いてみると、寸暇を惜しんでタスクをこなせているわけではなく、「忙しい」のは事実だけど、やっと訪れた自分のために使える時間で、スマホに勤しんでしまう人が実に多いのです。頭では「私は忙しいのだから、今やっと時間ができて、ここでやらなくちゃいけないことがたくさんあるのに！」とわかっているのです。

この状況で自分を責めてカウンセリングにいらっしゃるのですね。

私個人は、この「めんどくさい」はだらしないサインではなく、「課題が混み合っている」サインであると捉えるようにしています。自分のやる気のなさを責めたところで、何も解決しないからです。

だから対策は先延ばしタイプ①めんどくさがりで飽きっぽいナマケモノタイプで述べた通り、やっぱりタスクを小分けにして、自分でにんじんをぶら下げながらやっていくことが大切になるのです。

さあ、ここまでは先延ばしタイプ別の事例と克服法のご紹介でした。

次の章では、もう少し複雑で、それ！と簡単に決められないし、踏み出せない課題に関する先延ばしとどのようにつきあうかをご紹介します。

8章

人生にかかわる根深い先延ばし

このままの生き方でいいのか……そんな数年来のテーマの見直し

終身雇用が崩壊しつつあり、フリーランスや副業という生き方が定着しつつあり、これほどまでに産業構造が変わった時代は久しぶりなのではないでしょうか。

こんな状況で多くの人が「私ってこの先どうなるんだろう」「この生き方でいいのかな」と漠然とした不安を抱いています。

「私は何を大切にして生きていきたいんだろう」「幸せってなんだろう」「どんな自分になりたいのだろう」、こんな哲学的な自問は、日々の雑用の中で吹き飛びがちです。

いつかちゃんと腰を据えて考えたいと思いながらもなかなか機会を失っているのではないでしょうか。本章では、こうした人生を考え直すことの先延ばしを克服する方法をお伝えします。これまでの章で扱ってきた先延ばし課題と比べると、より重大で人生の方向性を変えてしまうほど大きな、数年から数十年にわたる課題になります。

立ち止まって、自分の人生について取り組む3事例をご紹介します。いずれも匿名で、複数のケースを組み合わせた架空の事例です。この章では、先延ばしタイプの分類はやめて、いろんな視点から捉えた変化のストーリーを味わっていただこうと思います。

case 16

自己犠牲の精神でやりたいことをやってこなかった

会社員ナナさん（40代女性）は小さい頃から絵を描くのが好きでした。

しかし絵で食べていくのは難しいだろうと心配した両親の助言のもと、事務職として働いてきました。20代は仕事を覚えるので必死で精一杯でした。30歳を越えると親が「まだ結婚しないの」と言い出しました。ナナさんだってそんな相手がいれば結婚してみたかったのですが、ご縁に恵まれませんでした。

会社では、子育て中の社員の分まで、残業もいとわずがんばって働いてきました。会社のためにがんばっていれば報われる、誰かが見てくれているはずと思ってここまできました。しかし、ナナさんが45歳になったとき、親が大病を患い、急に亡くなったのです。これを目の当たりにしたナナさんは、愕然としました。

「結局、私って会社で出世することもなかったなあ。気づけば入社当時にいた社員もみんな辞めていて、まるでもう別の会社で働いているみたい」

「会社って報われるものでもなければ、簡単に姿を変えてしまうものなのだ」

そう思うと虚しくなってしまったのです。

一体自分はなんのためにがんばってきたんだろう。

ナナさんの先延ばしの原因

ナナさんの人生を読んでどう思いましたか？

中年期にこのように「これでよかったのかしら」と立ち止まって悩む人は大勢います。ナナさんのように周りのためにがんばってきた人が何を先延ばししてきたというのでしょう。

こんなにがんばってきたのに、報われず、変化に取り残された気持ちになり、親の死を目の当たりにして「自分はこの人生で一体何をしたいのだろう」と考えてしまったのです。

ナナさんは**自己犠牲**をしすぎて、自分の本当にしたいことに焦点を当てて考えて、行動することを先延ばししてきたのかもしれません。

もっと言えば、自分の人生を生きることを先延ばししていたのです。
ナナさんには、自己犠牲の傾向があるようでしたので、このチェックリストを見てもらいました。

自己犠牲にまつわる思い込み

□高価な贈り物をもらうと、自分にはもったいないとソワソワする
□人によくしてもらうと、「ありがとう」よりも「申し訳ない」という気持ちが先に出る
□自分が損をしたり、悪者になったりすることでその場がおさまるのなら、喜んでそうしたい
□目の前の相手が不機嫌だと、無理をしてでも相手の機嫌をよくすることに尽力する
□誰かと一緒に行動するときには、行き先や食べる物などを相手の好みに合わせたい
□自分が損をしても相手に尽くしたい
□自分にお金をかけるのはためらいがあるが、人へのプレゼントやおごりには抵抗がない

□時々、人づきあいがしんどくて、どうでもよくなる
□世の中の人は、自分よりももっと勝手でわがままに生きているように見える
□自分がどんな気持ちかよりも、相手の機嫌のほうに目がいく

ナナさんは、ほとんどすべてが当てはまりました。
「私はこれまで一生懸命生きてきたつもり。氷河期世代で就職だってずいぶん苦労したけど、せっかく私を拾ってくれた会社なのだからとお役に立とうとがんばってきた。親に心配かけたくなかったし。それなのに。自分が完全にお留守だったんだ……」

悲痛な叫びです。
ナナさんには幸せになってもらいたいです。

先延ばし克服のための対策

ナナさんには自己犠牲に関する思い込みの中でも、最も当てはまる「**自分がどんな気持ちかよりも、相手の機嫌のほうに目がいく**」について検討してもらいました。

相手の機嫌をよくするためにナナさんはこれまでどんなことをしてきたでしょう。親の助言を聞いて心配させないように、「人並みに働こう」と自分のしたいわけではない仕事を選んで就職しましたね。その後も会社のために、そして子育て世代の社員のために多くの仕事を引き受けて、文句ひとつ言わずに働いてきました。「誰かが見ていてくれるはず」と密かに評価を期待したものの、実際は何も報われていません。

この「誰か」とは誰なのでしょう。

ナナさんの目指した「人並み」かどうかを評価するのは誰なのでしょう？

人並みとは、誰が決めた評価基準なのでしょう？

その誰かがナナさんの人生に責任をとってくれるのでしょうか？

ぎくりとする質問だらけですね。

でもこれまで誰も言ってくれなかった質問ばかりです。ナナさん個人の幸せを願うのなら、漠然とした世間の価値観で決まった人並み、うっすらと感じ取る期待のようなものをひとつずつ取り出して、疑問を投げかけてみる必要があるのです。

ナナさんは目に涙を溜めて言いました。

「ほんと、これまでの私って誰のためにがんばってきたんでしょうね。誰も責任なんてとってくれないのに。そんなことのためにがんばってきたのかな」

ナナさんには続けて考えてもらいます。

ナナさんは「いつかそのうち自分のしたいことができるようになる」ような気がしていました。「いつの日か、誰かが〝ナナさんの好きにしていいよ〟って許してくれる」ような気がしていました。そうなるといいなと願っていたのです。

私たちも雑誌をめくって素敵なファッションに身を包んだ女性を見て、「いつかこんなふうになれたらいいなあ」と憧れを抱いたり、「こんな部屋に住んでみたい」「こんな海外に行ってみたい」と夢を膨らませたりするものです。そして多くの人は他力本願に「いつかそうなれたらいいなあ」とぼんやり思っているものです。

ナナさんも同じように、いつの日か自分の自由にしていい日がくると信じていないとやっていられなかったのです。しかし、そんな日がこれまであったでしょうか？

45歳を過ぎても誰もそんなこと言ってくれなかったのです。

自然にしていても何にも解決しなかったのです。

「でも、それでも私、自分がしたいことで生きていくなんて今更できない」

ナナさんの好きなことは絵を描くこと。

それだけで食べていける人はごくひと握りの人たちであることをナナさんはよく知っています。しかしそれ以上にナナさんに猛烈なブレーキを引く誰かがいました。

「今更この年齢になって、絵を描きたいなんて夢みたいなこと口にできない」

そうなのです。自分を苦しめた「こうあるべき」という呪縛は、その呪縛を生み出した誰かがたとえこの世からいなくなっても、ナナさんの中に内在化されてしまっているのです。心の中に、親や世間の価値観の代表選手のような指揮官が「夢みたいなことを言うな」と厳しい言葉で規制をかけ続けているのです。

ナナさんには、そんな指揮官に苦しめられて泣いている、心の中のナナさんに気づいてもらいました。そして今から必要なのは、この泣いているナナさんを守る、優しくかつ論理的な大人を育てていくことなのです。

その後のナナさん

「もっと自分を大切にしていいんだ」と気づいたナナさん。仕事の自己犠牲的な安請け合いをやめて、自分の時間を確保することにしました。

また、ＮＰＯ法人を営む友人のためにパンフレットに載せるイラストを手伝わせてもらうことにしました。ナナさんはずっと好きだった絵を描くことで、社会に貢献できることが嬉しくてたまりませんでした。

手応えを感じたナナさんは、これまで密かにやりたいと思っていた夢を少しずつ叶えていくことにしました。

いつかフランスに行ってみたい、もう長らくしていないけど恋愛もしてみたい、前から興味のあったパンづくりも習ってみたい……。

他の人ならなんの躊躇もなくやれていることばかりかもしれませんが、ナナさんには革命でした。心の中の指揮官は今でも「そんな身勝手なことばかりするな」「贅沢な」と叱りつけてきますが、もう一人の優しく賢い大人が「結局待っていても自分の番は来ないいんだよ。やりたいことは今やるしかないんだよ」と言い負かしてくれるのです。

こうして少しずつですが、ナナさんは自分の人生を取り戻しつつあります。

ナナさんのうまくいったポイント

自己犠牲している自分に気づいたら、自分を縛りつけていた価値観に抵抗するためのもうひとりの優しく賢い大人を育てよう。

case 17

「好きなもの」のない受け身の人生に焦りを感じている

会社員のソウスケさん（50代男性）は、結婚して15年。

3人の子どもに恵まれ、共働きの妻ともうまくいっています。

年子の子どもたちは一番上が中3と、忙しさもピークを迎え、夫婦で部活や塾、習い事への送り迎えと毎日忙しくしています。

側から見れば、幸せな一家なのでしょう。

しかし、ソウスケさんは「別にこの仕事をしたくてしているわけじゃない。親の知り合いの紹介だから断れなかった」と考えています。

毎日やることに追われていて、子どもの習い事のお迎えに行き、車の中で待っているときなど、ふいに自分一人の時間が訪れて、「自分はなんのために生きているんだろう。子どもたちはそれぞれダンスにサッカーにと好きなことに夢中になっているけど、自分には何もない」と気づいて怖くなってしまいます。

自分の好きなものってなんなのでしょう。人生ってなんのためにあるのでしょう。こんな哲学的な問い、なかなか答えが出ません。

ソウスケさんの先延ばしの原因

ソウスケさんは思い返せば、これまで自分で進路など人生の大きな決断をしないままここまできました。

大学受験も地元に、という親の意見を聞いて、無理のない学力の大学を選びました。就職も、親の知人が紹介してくれたので、実はあっさり決まりました。ソウスケさんもそんなに嫌な感じではなかったので、「まあいいか」と入社して今まで勤めています。

結婚の決断すら受け身でした。上司の娘さんを紹介されて、わりとタイプだったのでつきあっていたら、子どもができたので、流れですぐに結婚したのです。

こんなふうに**自ら意思決定をしない人生**が長く、ソウスケさんは本当の自分の気持ちがわからなくなっているのです。まるで人生ゲームのコマをルーレット頼みで進めるように、ここまできてしまったのです。

その結果、生々しい感情の伴わない、やりがいのない、形式をこなす日々になってしまったのです。家族への愛情はあります。会社を大事に思う気持ちもあります。

しかし情熱は?と聞かれると非常に怪しいのです。

ソウスケさんは楽しみにしているテレビ番組があります。仕事に情熱を傾けている人たちが紹介される人気のドキュメンタリーです。自分もあんなふうに何かに夢中になってみたいと思っています。

しかし何から手をつけていいかわかりません。

先延ばし克服のための対策

ソウスケさんは非常に言語能力の高い人なので、「何が好きなのだろう」「何がしたいのだろう」「もし仕事を変えるとしたら」などと考え出すと、ロジックの罠にハマって眉間に皺が寄って、なかなか本音にアクセスできません。

ソウスケさんが欲しいのはもっと情熱的な何かなのです。

これには、直感的で非言語的なもののほうがアクセスできます。


ソウスケさんには、**書店に足を運んでもらいました**。

図書館や本屋さんに出向いて、自然と足の止まるエリアはどこなのかを探ってもらうためです。ソウスケさんは筋トレ雑誌やスーツ姿の男性が表紙になっているような雑誌のエリアに立ち止まりました。都会的な雰囲気に心惹かれたようです。

「意外だな。恥ずかしい」

ソウスケさんは至って真面目な目立たない会社員スタイルなのですが、心の底ではイケおじになった自分を夢見ているのかもしれません。

次に、ソウスケさんにはご自身の**スマホの写真フォルダとブックマークをチェック**してもらいました。昔は「その人の本棚を見れば、人となりがわかる」などと言われましたが、今はスマホに情報が濃縮されていますね。

ソウスケさんのスマホには、子どもたちの写真がたくさん保存されていて、ブックマークには、パソコンの裏技やＡＩに関する情報がありました。

「やっぱり子どもたちの存在は大きいです。正直3人の年子の育児は苦労しましたが、楽しかったんです。あと、パソコンの勉強はしてみたいんですよね。忘れてましたけど」

ソウスケさんにはさらにたたみかけます。

もしもあなたの目の前に**どんな願いでも叶えてくれる魔法使いが**現れて、「なんでも魔法で夢を叶えてあげるよ、言ってごらん」と言ってくれたら、なんと答えるかを想像してもらいました。

「ほんとですか？　ほんとになんでも叶えてもらえるのなら東京に住んでみたいんですよ。今は子どもたちの教育環境を変えたくないからできないんですけど。でも一度は首都に住んでみたいというのがあるんですよね。初めて言葉にしたかも。妻にも言ったことがないです。こんな願望」

ソウスケさん、いいですね。乗ってきました。

さらに追加でこういう質問もしてみます。

今年でこの世界が終わるとしたら、残り数ヶ月間を、どう過ごしたいかを考えてもらいました。

「え？　ほんとに？　じゃあ、迷わず転職しますよ。好きに生きてみたい」

出ました。ソウスケさんの本音です。

実行に移す時期や方法はいったん置いておいて、まずはこのように枠組みをとっぱらいながら、ありえない前提の質問をぶつけて既成の枠組みを揺さぶりながら願望を取り出していくのです。


ある程度ぼんやり浮かんできたら、次のページの枠組みに入れながら、何かまだ探り足りていない領域はないか確かめていきます。

まずは目標でもいいので**領域別に書き出して**みるといいでしょう。

ソウスケさんは、時間をかけずに直感に従って書き出しました。

時間をかけて冷静になってしまうと、現実的な目標を書いてしまいそうだったから

身体 （健康面や見た目などの美容面も含めます） 筋肉質な体 全身脱毛してみたい	**心理** （情緒の安定や心のゆとりなど） 冗談の言える余裕 頼りになる笑顔	**趣味や教養** （余暇の時間の使い方やマナーや知識を得ること） Pythonを勉強する
生活 （ライフスタイル、住環境） インスタで見た シンプルな ミニマリストな部屋 都会の暮らし	**1年後の自分**	**仕事** （業種、職種、順位、職場の風土など） やりたい仕事を 見つける
お金 （月収、貯金計画、保険など） 投資を始める	**人づきあい** （親、家族、友人、恋人、近所、仕事関係など） 異業種交流会に 月に2回出て 人脈を広げる	**その他** （どの欄にも分類できないけれど自分の大切な価値観についてはこちらに） 東京に定期的に 遊びに行く

です。

「誰にも見せなくていいし、実行する・しないは今はいったん考えずに書き散らそう、そう言い聞かせて書いてみました。自分でも意外なことばかり書いています。こんな地方都市に住む50代の平凡なおじさんが、チャラチャラしてて恥ずかしいんですけど」

いいじゃないですか！

本音にアクセスできましたね。

その後のソウスケさん

こうして、一連の作業で少しずつ自分の志向の輪郭が見えてきたソウスケさん。「なんだ、自分はなんにも願望がないわけじゃないんだ。気づいてなかっただけなんだ」とホッとしたそうです。現実にはいろんなしがらみはありますが、少しずつできるところから実行に移すことにしました。

今は子どもたちと一緒にPythonの勉強をしているそうです。そういう時間こそが、「自分の人生だー！」と感じられるのだそうです。

ソウスケさんのうまくいったポイント

本当にしたいことを見つけるには頭で考えるより、書店に出向いて足の止まるコーナーを探す、スマホの写真フォルダやブックマークなど、直感的、非言語的なものを使って探そう。

case 18 ずっと自分に自信がなく、やりたいことをあきらめてきた

会社員ルミさん（40代女性）は、コンプレックスの塊のような人です。見た目にも自信がなく、服も髪もとにかく無難でいるようにしています。本当は昔からファッションが大好きで、女優のような格好に憧れていますが、自分なんてとあきらめています。

小さい頃からスポーツは苦手で、部活もこれといった活躍がないままでした。

コツコツ努力することぐらいしかできなかったので、勉強だけは続けてきました

が、別に名の知れた大学を出たわけではありません。

卒業後は事務員として小さな会社でずっと働いてきました。

最近は、「このまま人生が終わるのだろうか。結局今世ではぱっとしなかった」などと思っています。

しかしそんなルミさんに、転機が訪れたのです。

高校の同窓会に参加すると、高校時代に仲良くしていたあんなに地味だった友達が、今や海外で活躍する仕事をして幸せそうにしていたのです。

ルミさんは正直「あんな子が変われるっていうの？　そんなはずがない。今に失敗するに違いない」と驚きながらも意地悪な気持ちが湧いてしまったのです。

私は性格が悪いのでしょうか。

ルミさんの先延ばしの原因

ここ10年ほど前からでしょうか、「マウントをとる」「マウントをとられる」といった用法で「マウント」という言葉が流行っています。これは自分のほうが立場が上だぞ、と優劣の差があると思われるような情報を相手に提示することです。

ルミさんもその高校の同窓会で、結果的に「マウント」をとられたように感じ、嫉妬しているのでしょう。

ルミさんの**嫉妬の気持ちの根っこ**には「私も変わりたいのに変われない」がありそうです。地味だった友達が海外で活躍していて、とてもうらやましかったのです。

誰しもこういった同級生の活躍話を聞いて「すごいねえ」と言いながら、少しはモヤッとするかもしれませんが、ルミさんの場合はこの嫉妬が強かったようです。

背景には、ルミさん自身の劣等感がありました。

ルミさんは自分に自信がないまま生きてきたのです。

自分にはなんの取り柄もないと思ってきました。取り立てて大きな欠点はないことは自覚していますが、何という根拠もなく、「私はだめだ」「人より劣っている」と漠然と思っています。

この根拠が具体的にあるわけではないのに、理屈抜きに「私はだめだ」「劣っている」と感覚的に思えてしまう場合、「**恥・欠如のスキーマ**」を持っているのかもしれません。

スキーマとは、自分に対する思い込みのことを言います。

物心ついた頃には、特に何があったでもなく、気づけば「私ってだめだよなあ」と思っているような感じです。

この場合、ルミさんのように「コツコツ勉強をがんばることができる」というプラスの材料があったとしても、「コツコツ努力することぐらいしかできない」とまるで価値のない行動かのように捉えて自己卑下してしまっていることが特徴です。

このように自分はだめだと思い込んでいるので、日常生活では、自分をいじめる思考が生まれがちです。たとえば「だめな自分はそのままでは評価されないので完璧に努力しなければ【完璧に準備が整っていないので踏み出せない】」(すべき思考)、「私みたいな人があんな派手な色の服を着てはいけない」(過小評価)などがそうです。

これらの思考が邪魔して、なりたい自分への変化を阻害してきたのかもしれません。ファッション雑誌の世界に憧れながらも、全くそうした服装をしてこなかったのもこの思考のせいです。

先延ばし克服のための対策

ルミさんには、**ミラクルクエスチョン**という方法を試してもらいました。

これは、「朝目覚めたら、理想の自分になっていた。どんなところからそれがわかる？」という奇跡が起こったという仮定から始まる心理療法の技法です。

ルミさんは言いました。

「理想の自分になっていたら、いつまでも夜更かししないで健康的な時間に、清潔なベッドでぐっすり眠って、気分よく目覚めるでしょうね。朝から自分で朝ご飯を作って、コーヒーまで飲めるような時間に余裕のある生活をしていそうです。メイクやヘアセットをしながら、鏡の中の自分に〝よし！　今日もかわいい！〟とか言えたら最高です」


ルミさんなかなか想像力豊かです。うまく行っています。

このぐらい、理想の自分になった生活を隅々まで映像で浮かぶぐらい想像することが大切です。そして次のステップです。

「**かのように振る舞う技法**」を試すのです。

これは、今ミラクルクエスチョンで浮かべた理想の自分ならどう振る舞うか、どんな服を着て、どんなものを食べて、どんな人づきあいをしていて、どんな姿勢で歩くのかなどを実行するのです。最初は真似事です。かのように振る舞う中で、たとえば「朝から健康的なご飯をしっかり食べたら、やる気がみなぎって仕事に集中できて、自分に自信が持てた」とか、「時間に余裕を持って家を出たから、職場の人に機嫌よく挨拶できた。すると相手からもにっこりされて、嬉しかった」など、生活の変化が起きます。

こうして結果的に理想の自分に近づいていけるのです。

その後のルミさん

ルミさんはまだ慣れないものの、一歩を踏み出して、これまでの自分なら絶対に着ないような明るい色のニットを身につけました。そしてまるで自信たっぷりのモデルになったかのように胸を張って、街を歩いてみたのです。

職場ではにこやかに挨拶してみました。なんだか周りの人がこれまでより自分に優しく、大事にしてくれる感じがしました。ルミさんはもっとやってみたくなりました。

そんなある日、職場で新たな計画が持ち上がり、だれが係になるか話し合いがもたれました。ルミさんは、「自信がある人なら、こういうときチャレンジするんだろうな」と思い切って立候補したのです。

その結果、ルミさんは見事にその係をやり遂げることができたのです。周囲からも評価されました。これは大きな自信につながりました。

ルミさんは、少しずつでしたが、自分を好きになっていきました。

「もし痩せたら、やってみたい」と思っていたヨガ教室に痩せる前から通い始めたり、「もし許されるなら行ってみたい」と思っていたおしゃれなカフェにも足を運んでみたりしたのです。

こうして、ちょっとずつ自分への自信が湧いてきたのです。

ルミさんのうまくいったポイント

ミラクルクエスチョンで理想の自分を具現化して、かのように振る舞ってみよう。

行動計画書のポイント

本書でご紹介した行動計画書を、ご自身で使ってみたいと思われましたか？

私はあちこちで先延ばしを克服するためのワークショップを開催しています。その度に、「今先延ばししていることを書いて、行動計画を立ててみましょう」とワークを行います。当然ワークを始める前に、本書でお伝えしてきたような先延ばしを克服する秘訣についてたくさん話しています。しかしそれでも、参加者の多くは非常にまじめすぎて、実現しなさそうな行動計画を書かれるのです。

そんな時、私はそれぞれワークに取り組まれている方々の机を回りながら

「この計画、本当にやれる自信がありますか？」

と尋ねてみます。残念ながら

「いえ、がんばります」

という辛そうなお返事をされる方が多いのが現状です。

きっとまた先延ばししそうな雰囲気がしますよね。

本書では、そのため、私の経験してきたよくある失敗例と添削例をふんだんに掲載したつもりです。お手本だけでなく、失敗例も具体的に見ることが「ああ、このように失敗してはいけないな」とイメージできて役立つのです。

最後に行動計画書の項目ごとの注意点をまとめておこうと思います。

行動計画書の項目

1. 何をするか

ここでは先延ばしタスクをどのように実行するのか詳しく書きます。自分がその作業をしている映像を浮かべながら具体的な行動として書くのです。「掃除」ではなく「リビングの床をお掃除シートで掃除する」のような感じです。

2. 実行日時

いつかするのではなく、何月何日何時と確定させます。開始時間だけでなく終了時間も書きます。書けないということは、「何をするか」が曖昧な可能性と、その作業を一部でも始めておよそ何時間かかるのかを知ることも必要でしょう。

3. どこで

先延ばしタスクを実行する場所を書きます。過去同じ場所で失敗している場合には、可能な限り場所を変えます。常識にしばられずに、奇想天外な場所を選び新鮮味を味わいます。

4. 誰と

ひとりでこなさなければならないという思い込みを捨てましょう。あなたにとって困難で先延ばしたいタスクは誰にとってもそうです。同じ仲間をリアルでもオンラインでも見つけて一緒に取り組めば実行可能性は上がります。

5. どこまで

タスクが終わるまでやり切る！という気持ちもわかりますが、時間無制限で行うのは辛いものです。その時がんばれても、次の機会には「ああ、またあの時みたいに時間がかかるのかもしれない」と嫌な思い出として蘇り、先延ばしにつながってしまうでしょう。どこまでかはっきり定めることで達成感を得られます。

6. 最初の10分でどこまで

最初の10分を踏み出すことができれば、それ以降続けることは比較的ラクでしょう。最初の10分はハードルは極力下げて、頭を使う作業より、頭をからっぽにしてできる手作業がおすすめです。

7. できたときのごほうび

ご褒美が効果を発揮するのは、日頃もらえないものがぶらさげられたときであって、日頃との「落差」があればあるほど効果的です。

しかし、多くの現代人がご褒美が飽和した毎日を送っています。たとえばお菓子のご褒美。すでに毎日お菓子を食べている人は、今更「ケーキがあるよ」と言われても、そんなに嬉しくないでしょう。「友達と行くホテルのアフタヌーンティー」のようにご褒美を釣り上げるか、日頃お菓子を一切食べなくして久しぶりのケーキをご褒美にするかがよいでしょう。

8. 必ずしなくてはならない状況設定

周りに宣言して撤退できなくしたり、しないととんでもない金額を負担する羽目になったりと、そのタスクをこなさなければならない必然性を設定します。部屋の掃除のようにプライベートなことで、かつ、しなくてもただちには困らないけど、どうにかしたいことに向いています。この設定を嫌がる人は多いのですが、効果は抜群です。

9. 障害になりそうなことと対策

先延ばしタスクを計画していた日時に自分や家族が体調を壊したり、自然災害、急な仕事の横入り、スマホなどの誘惑など過去の失敗を思い返して、障害になりそうなことを想定して対策を立てておきます。予備日を設定しておいたり、誘惑のない環境にいかに身をおくかなどです。

ご自身の行動計画書がひととおり完成したら、最後に自分でチェックしましょう。

「ほんとにこれやりたい？　うんざりしてるんじゃないの？」

「今すぐやらせてくれ！ってぐらいのご褒美がぶら下げられてる？」

「このやり方に正直もう飽き飽きしてるんじゃないの？」

「ほんとに自分がやらないとだめ？」

「そもそもやる必要あるの？」

これらのそそのかしに反論できそうならいい計画書ができています。

言葉につまりそうなら、表の注意点を踏まえて書き直してみてくださいね。

おわりに

ここまでお疲れ様でした。

ひと言で「先延ばし」といってもさまざまな課題があるものですね。

章が進むにつれて、複雑で難しい課題が出てきました。

私たちの人生には、本当にいろんなことがあるものですね。


私は日頃このような先延ばし課題の解決のカウンセリングをしながら、多くの方の人生を伴走させていただいております。

多くの方が、自分と向き合って、なんとか課題をやり遂げるために、意志の力だけを頼るのではなく、どんな仕組みが使えそうか？ということを考え続けています。

また、「どうせ私なんて」「今更遅い」などの思考が、自由な人生を狭めていないかにも注意を払いながら、ご支援しています。

先延ばしは、自尊心を削ります。私は２０２４年に先延ばし克服30日間伴走プログラムというサービスを開始したのですが、そこには多くの先延ばしで自分のことを責めて、自己嫌悪になったり、うつになったりした方がいらっしゃいます。終わらない仕事や片づかない部屋、ずっと着手できていない雑用を目の前に、自尊心はボロボロで余暇を楽しむ余裕などないのです。

しかし、行動計画書を作り、さらにはその計画通りに進行できるよう作業を見守る中で、確実に30日間でみなさん変化されます。最後には数年滞っていた論文を完成させたり、やっと部屋が片づいたり、苦手意識のあった雑用を仕上げたりされます。そして涙ながらにこうおっしゃるのです。

「やっと自分を好きになれました。我ながらよくやったと思います」

先延ばしを克服すれば、人生が変わるのです。安堵と達成感、解放感に包まれた笑顔をみられるのは最大の喜びです。

こうした感動とノウハウを多くの人に届ける機会として、本書の企画をしてくださった編集者の油利可奈さんには感謝しております。先延ばしという難しい抽象的なテーマをタイプ分けでわかりやすくしよう、動物のキャラクターにしようなど数々のクリエイティブなご提案をいただけました。丁寧かつ先延ばしなどない着実なペースでお仕事を進めていただいたので安心して仕上げることができました。ありがとうございます。また、本書の先延ばしタイプの動物のイラストを書いてくださった、ももろさんにもこの場をお借りしてお礼を申し上げます。先延ばし克服というとどうしても無理やりスパルタにタスクに向かわされるという印象を持たれがちですが、かわいいイラストのおかげでずいぶんソフトに受け止めてもらえたのではないかと思っています。

最後にこの本を手にとってくださったあなたに感謝します。あなたの人生が先延ばしから解放されて、自分らしい最高のものになりますように。

2025年2月吉日

中島美鈴

引用文献

14〜21ページ

・Ferrari, J. R. (1991). Self-handicapping by procrastinators: Protecting self-esteem, social-esteem, or both? Journal of Research in Personality, 25(3), 245-261. https://doi.org/10.1016/0092-6566(91)90018-L

・Duru, E., & Balkis, M. (2017). Procrastination, self-esteem, academic performance, and well-being: A moderated mediation model. International Journal of Educational Psychology, 6(2), 97-119. https://doi.org/10.17583/ijep.2017.2584

・Malachowski, D. (2005). Wasted time at work costing companies billions (http://salary.com)

21〜31ページ

・Fayyad, J., Sampson, N. A., Hwang, I., Adamowski, T., Aguilar-Gaxiola, S., Al-Hamzawi, A., Andrade, L. H. S. G., Borges, G., de Girolamo, G., Florescu, S., Gureje, O., Haro, J. M., Hu, C.,

Karam, E. G., Lee, S., Navarro-Mateu, F., O'Neill, S., Pennell, B.-E., Piazza, M., ... Kessler, R. C. (on behalf of the WHO World Mental Health Survey Collaborators). (2017). The descriptive epidemiology of DSM-IV Adult ADHD in the World Health Organization World Mental Health Surveys. Attention Deficit and Hyperactivity Disorders, 9(1), 47–65. https://doi.org/10.1007/s12402-016-0208-3

・Sonuga-Barke, E., Bitsakou, P., & Thompson, M. (2010). Beyond the dual pathway model: Evidence for the dissociation of timing, inhibitory, and delay-related impairments in attention-deficit / hyperactivity disorder. Journal of the American Academy of Child and Adolescent Psychiatry, 49, 345–355. doi: 10.1016/j.jaac.2009.12.018

・Ramsey, A. R., & Rostain, A. L. (2012). 成人のＡＤＨＤに対する認知行動療法 (T. Takeda & Y. Sakano, Trans). 金剛出版

37〜40ページ

・Zelazo, P. D., Carter, A., Reznick, J. S., & Frye, D. (1997). Early development of executive function: A problem-solving framework. Review of General Psychology, 1(2), 198-226. https://doi.org/10.1037/1089-2680.1.2.198

中島美鈴（なかしま・みすず）

臨床心理士。公認心理師。心理学博士(九州大学)。

1978年福岡生まれ。専門は時間管理とADHDの認知行動療法。肥前精神医療センター、東京大学大学院総合文化研究科、福岡大学人文学部などの勤務を経て、現在は中島心理相談所 所長。他に、九州大学大学院人間環境学府にて学術協力研究員および独立行政法人国立病院機構肥前精神医療センター臨床研究部非常勤研究員を務める。時間管理の専門家として「あさイチ」(NHK) に出演するなど、メディアでも活躍。

著書に『仕事も人生も、これでうまく回る！　不器用解決事典』(朝日新聞出版)、『マンガで成功 自分の時間をとりもどす 時間管理大全』(主婦の友社)、『脱ダラダラ習慣！1日3分やめるノート』(すばる舎) など多数。

X：@rin_rinnak
中島心理相談所：https://nakashima.studio.site

書《か》いてみるとうまくいく
先《さき》延《の》ばしグセ、やめられました！

2025年4月25日　第1刷発行

著　者　　中島《なかしま》美鈴《みすず》
発行者　　佐藤　靖
発行所　　大和《だいわ》書房
　　　　　東京都文京区関口1-33-4
　　　　　電話03-3203-4511

ブックデザイン　上坊菜々子
イラスト　ももろ
校　正　麦秋新社
本文印刷　光邦
カバー印刷　歩プロセス
製　本　ナショナル製本

ISBN978-4-479-76165-5